필리핀

필리핀

ⓒ 강태호, 2016

초판 1쇄 발행 2016년 03월 18일

지은이   강태호
펴낸이   이기봉
편집   좋은땅 편집부
펴낸곳   도서출판 좋은땅
출판등록 제2011-000082호
주소   경기도 고양시 덕양구 동산동 376 삼송테크노밸리 B동 442호
전화   02)374-8616~7
팩스   02)374-8614
이메일   so20s@naver.com
홈페이지 www.g-world.co.kr

ISBN   979-11-5982-007-6 (03910)

이 도서의 국립중앙도서관 출판시도서목록(CIP)은 서지정보유통지원시스템 홈페이지(http://seoji.nl.go.kr)와 국가자료공동목록시스템
(http://www.nl.go.kr/kolisnet)에서 이용하실 수 있습니다. (CIP제어번호 : CIP2016006572)

필리핀

보통 사람이

행복한 도시

/ 바기오 편

글 · 사진 **강태호**

PROLOGUE

필리핀을 처음 접한 것은 지금으로부터 10년 전 2006년 여름휴가 때였습니다. 그 당시 필리핀은 일상에 지친 저에게 지상낙원으로만 인식되던 휴양지였습니다. 하지만 1년이 지난 후 영어 공부를 위해 다시 찾은 필리핀은 전혀 다른 모습이었습니다.

카메라 셔터가 멈추지 않았던 휴가 때와는 다르게 오랜 기간 머물게 된 필리핀의 생활은 한국에서처럼 일상이 되었습니다. 신기해 보이던 광경들도 흔한 풍경이 되어갔고, 울타리 밖에서 바라본 필리핀이 아닌 그들의 실제 생활이 보이게 되었습니다. 그러다보니 그동안 우리가 알고 있는 필리핀 정보는 필리핀의 실제 정보가 아닌 관광객의 시선으로만 바라본 잘못된 정보라는 생각이 들었습니다. 필리핀에 대한 제대로 된 정보 없이는 필리핀을 즐길 수 없습니다. 저렴하고 간편하게 갈 수 있는 어학연수지 또는 신혼여행지로만 인식될 뿐입니다. 그러기에 저는 필리핀 현지인과 함께 거주하며 관광객의 시선으로 바라본 필리핀이 아닌 필리핀인의 시선. 현지인의 시선으로 필리핀의 살아있는 정보를 담고자 노력했습니다.

가령 우리나라에서는 사람을 가리킬 때 검지로 지목하는 경우가 있습니다. 하지만 필리핀인들에게 이런 행위를 하면 자신들을 범죄자로 대한다고 인식합니다. 또한 우리나라 사람들은 눈싸움을 서로지지 않으려는 氣싸움으로 인식하여 눈을 피하면 겁쟁이 또는 패배자로 인식합니다. 하지만 필리핀인들은 눈을 피하면 당신과 싸움을 하기 싫다는 의사로 받아들입니다. 이런 문화적인 차이 때문에 필리핀에서 유독 큰 사건들이 끊이지 않고 있습니다.

이뿐만이 아닙니다. 우리나라에서는 목소리 큰 사람이 이긴다고 생각해 필리핀 사람들과 언쟁이라도 붙으면 으레 소리부터 지르지만 필리핀인들은 그런 행동을 대단한 모욕으로 받아들이기 때문에 큰 화를 부르기 쉽습니다. 큰 소리로 윽박지르는 고용주를 살인해서라도 명예를 되찾겠다는 어느 필리핀인의 이야기를 듣고 문화적 차이를 모르면 큰 낭패를 볼 수 있다는 것을 깨닫게 되었습니다.

이렇게 우리나라와 필리핀은 서로 다른 문화를 가지고 있습니다.

우리는 필리핀의 문화를 미개하다며 얕잡아 보는 경우가 많지만 사실 누구의 문화가 옳고 그른가를 따지는 것만큼 어리석은 일은 없습니다. 그런 잘못된 인식이 행동으로 나타나면 필리핀인과의 거리가 벌어지게 됩니다. 경제적으로는 후진국일지 모르겠지만 그들의 문화까지 후진국으로 여기는 행동은 누가 보더라도 잘못된 행동이기 때문입니다.

이 책이 출간되기 전에 나온 필리핀 책들은 어학연수생의 입장에서 바라본 필리핀이었습니다. 이 책은 필리핀의 일반적인 정보와 함께 필리핀의 여름 수도라 일컬어지는 도시이며 필리핀인이 가장 사랑하고 동경하는 도시인 바기오에 관한 전반적인 정보를 담고 있습니다. 또한 항상 치열하게 경쟁하며 휴식시간조차 눈치를 보며 살아 온 나의 삶이 바기오 생활을 통해 어떻게 변했는지에 대한 이야기를 담고 있습니다. 그와 함께 바기오를 가기 전 많은 사람들이 궁금해 하는 질문에 대해 필리핀 현지인들에게 조언을 빌어 답하는 형식으로 구성하였습니다. 또한 바기오 어학연수를 생각하는 사람들이 꼭 가봐야 될 바기오 여행지역과 근방 여행지역을 담았습니다. 이 책에서 만날 수 있는 '8인의 바기오 체험담'은 바기오에 대해 다른 시선을 가지고 있는 글을 모은 것입니다.

바기오에서 어학연수를 경험한 학생들의 글, 바기오에서 사업을 하시는 분, 바기오로 은퇴이민을 오신 분들의 이야기가 있어 바기오를 방문하기 전 미리 이 책을 읽어본다면 많은 도움이 될 것입니다.

저는 필리핀인과 외국인 사이에 놓인 눈에 보이지 않는 장벽이 없어졌으면 합니다. 연간 백만 명의 한국인이 여행 또는 어학연수로 필리핀을 방문하지만 시간이 가면 갈수록 서로의 문화를 이해 못해 감정의 골이 깊어지고 있습니다. 우리부터 그들의 문화를 이해하기 위해 노력해야 합니다. 우리는 방문자이고 그들은 주인이기 때문입니다. 로마에 가면 로마법을 따르라는 속담이 있듯 우리가 먼저 필리핀인의 문화적 차이를 이해하고 행동해야 합니다.

독자들에게 많은 정보를 알려주고 싶지만 책에 모든 정보를 다 담을 수 없었습니다. 그래서 책에 미처 수록 못했던 정보들은 제 블로그(http://kth2337.tistory.com)와 유투브 채널(https://www.youtube.com/user/kth2337)을 통해 실시간으로 정보 업데이트를 할 예정입니다.

이 책을 읽은 모든 독자들이 진정한 필리핀이자 필리핀인이 가장 사랑하는 도시 바기오를 경험하고 국경을 초월한 진실된 친구를 사귀기를 희망합니다. 바기오에서 한 사람 한 사람이 서로를 존중하며 인생에서 잊을 수 없는 소중한 추억을 많이 만들었으면 좋겠습니다.

고마운 사람들 'Thanks To'

이 책이 출간되기까지 저와 함께 필리핀에서 고생했던 분들에게 감사의 인사를 전합니다. 필리핀 바기오의 살아있는 정보를 제공해 준 MONOL 어학원, HELP 어학원, JIC 어학원 원장님 및 관계자 분 필리핀 선생님들 감사합니다.

정신적으로 힘을 주셨던 대진대 교수님들 감사드립니다. 항시 외국에 나간다며 잠을 설치며 막내아들 성공을 기원하던 아버지, 어머니 그리고 형과 형수님 그리고 사랑스런 조카 시우에게 감사의 말을 남깁니다.

Contents

04 • PROLOGUE

08 • 고마운 사람들 'Thanks To'

Part 1.

필리핀
필수 정보
10가지

16 • 필리핀에 대해서 알려주세요

18 • 필리핀 비자를 받아야 되나요?

19 • 필리핀의 전압은 어떻게 되나요?

20 • 필리핀 화폐는 어떻게 되나요?

22 • 필리핀은 편도로 갈 수 있나요?

24 • 필리핀의 교통수단은 어떤 것이 있나요?

28 • 필리핀의 종교는 어떻게 되나요?

29 • 필리핀에서 가장 인기 있는 스포츠는 무엇인가요?

32 • 필리핀의 공휴일은 어떻게 되나요?

34 • 필리핀의 교육 체계는 어떻게 되나요?

Part 2.

바기오, 그곳에 나를 두고 오다

38 • 도피가 아닌 도전이다

40 • 버킷리스트조차 스트레스가 되고 있지는 않는가?

43 • 바기오 가기 전 무엇을 준비해야 되나?

57 • 바기오로 가는 길

62 • 저는 여러분들보다 10살이 많습니다

66 • 무엇 때문에 그들은 바기오로 왔을까?

68 • 바기오에 대한 편견! 그리고 그에 관한 진실

74 • 체험담   -필리핀의 편견을 깨주었던 도시

78 • 바기오 어학연수는 어떤 것을 살피고 와야 되나?

91 • 체험담   -바기오에 첫 어학원을 설립한 이유

           -영어만이 아닌 나의 삶을 찾게 해 준 바기오 어학연수

           -현재가 아닌 미래의 비전을 가르쳐 준 바기오 어학연수

           -도전(Challenger)의 두려움을 없애준 소중한 경험

104 • 해외이민을 생각한다면 여행이 아닌 생활을 해라

106 • 비교하며 행복을 찾는가? 불행을 찾는가?

110 • 바기오의 교통편은 다른 도시와 무엇이 다른가?

115 • 바기오 SM몰 그리고 바기오 시민들

124 • 개미의 삶 VS 베짱이의 삶

127 • 바기오의 심장 번햄파크(Burnham Park)를 가다

130 • 바기오 3대 혐오음식에 대해 그들은 말했다

143 • 주당들이 바기오에 어학연수를 오는 이유

Part 2.

146 • 보통 사람이 행복한 사회

162 • 우리에게 행복은 무엇인가?

166 • 우리는 선택이 가능한 삶을 살고 있다

169 • 선진국의 일상을 품은 도시
     그리고 그 도시를 지키는 사람들!

172 • 제 2의 삶을 바기오로 선택한 사람들

179 • 체험담   −보통 사람이 행복한 도시

182 • 우기 시즌의 바기오 그리고 우리에게 지상낙원이란?

186 • 꽃 축제와 노인을 위한 나라

191 • 대한민국 아버지의 휴가

194 • 죽음에 대처하는 그들의 자세

197 • 코피노! 무책임한 몇몇 남성만의 문제일까?

201 • 체험담   −나는 필리핀 여성과 결혼한 것이
                     아니고사랑하는 사람과 결혼했다

204 • 사진 한 장 그리고 우리의 여행

211 • 6000마리의 닭과 20년 동안 방값 걱정이 없어!

214 • 로또 복권 당첨일만 기다리고 있지는 않는가?

217 • 지금의 나는 행복하다!

Part 3.

바기오 필수 정보 Q&A

222 • 바기오에서의 생활 Q&A

254 • 바기오에서의 교육 정보 Q&A

271 • 체험담

     −글로벌 도전의 동기부여를 제공해 준 필리핀대학

Part 4.

바기오
여행 및
근방 여행   274

Part 5.

바기오 추천   284
레스토랑 및
술집

부록

기초 생활회화
및 에티켓   291

필리핀은 적도의 약간 북쪽, 아시아 남동쪽 서태평양에 있는 7,107개의 섬으로 이루어진 국가다. 인도네시아에 이어 두 번째로 많은 섬을 가지고 있다.

Part 1.

필리핀 필수 정보
10가지

Q. 필리핀에 대해서 알려주세요

A. 필리핀은 적도의 약간 북쪽, 아시아 남동쪽 서태평양에 있는 7,107개의 섬으로 이루어진 국가다. 인도네시아에 이어 두 번째로 많은 섬을 가지고 있다. 수도는 마닐라(METRO MANILA)이며 공용어는 따갈로어와 영어, 화폐는 페소(Peso)를 쓰고 있다.

지역은 크게 루손(LUZON), 비사야(VISAYAS), 민다나오(MINDANAO)로 나뉘며, 이 중 루손은 필리핀에서 가장 큰 섬으로 수도 마닐라가 위치해 있으며 교육도시라 불리는 바기오도 루손 섬에 속한다. 비사야는 신혼여행지로 각광받고 있는 세부(CEBU), 보홀(BOHOL), 보라카이(BORACAY), 팔라완(PALAWAN) 등을 포함하는 지역이다.

두 번째로 큰 도시인 민다나오 지역은 종교 분쟁 지역으로 외국인들에게는 위험하다고 인식된 지역이다. 하지만 민다나오는 워낙 도시가 크고 이 도시 안에 있는 다바오(DAVAO)는 강력범죄에 대한 강력한 법 집행 탓으로 상대적으로 범죄에 취약한 외국인이 살기 좋은 지역으로 분류되고 있다.

필리핀의 기후는 1년 내내 수영이 가능한 아열대 기후이며, 연평균 기온이 25도다. 통상적으로 11월부터 4월까지는 건기, 5월부터 10월은 우기로 나뉜다. 하지만 바기오 같은 경우는 연평균 기온이 18도에 불과하며 6월부터 9월까지 이어지는 우기를 지나면 딸기가 재배될 정도로 날씨가 쌀쌀해지고 새벽에는 서리가 낄 정도로 춥다. 그렇기에 자신이 가는 지역의 날씨를 꼭 알아보고 짐을 챙겨야 된다.

Q. 필리핀 비자를 받아야 되나요?

A. 필리핀 방문을 짧게 계획하고 있다면 따로 비자를 받을 필요는 없다. 정부 간의 협정으로 필리핀 임시 비자 30일이 주어지기 때문이다. 하지만 그 이상 머물 경우 이민성(Immigration Center)을 통해 체류기간에 맞게 비자연장을 해야 된다. 한 번 연장할 때마다 한 달씩 연장되며 경우에 따라서는 2개월 연장이 가능하다. 2개월 과정으로 필리핀을 가는 경우에는 59일까지 필리핀에 머물수 있는 비자, 즉 59비자를 한국에서 받을 수 있다.

또한 필리핀에 입국한 지 59일이 넘어가는 시점이 되면 비자연장 비용도 비싸지며 ACR-I CARD 역시 발급을 받아야 된다. 통상적으로 이런 경우 비자 트립을 가게 된다. 비자 트립이란 입국한 지 59일이 넘어가기 전 필리핀 근방(말레이시아, 태국, 싱가포르, 홍콩)을 2박 3일에서 3박 4일 여행간 뒤 다시 30일 무비자를 받는 것을 말한다. 이럴 경우 비자연장 비용과 ACT-I CARD 발급받을 필요가 없어져 금액을 절약할 수 있다.

Q. 필리핀의 전압은 어떻게 되나요?

A. 필리핀 내 전압은 220볼트로 한국과 같지만 플러그는 110볼트용을 사용하기 때문에 110볼트로 착각하는 경우가 많다. 필리핀을 거쳐서 다른 나라를 가는 경우라면 범용적으로 사용할 수 있는 멀티어댑터를 구입해가는 것이 바람직하다. 미리 구입하지 못했더라도 공항에서 구매하는 것은 되도록 피하는 것이 좋다. 필리핀 현지 쇼핑몰을 가게 되면 공항에서 구매할 수 있는 금액의 반도 안되는 금액으로 어댑터를 구매할 수 있다.

더군다나 요즘은 대부분의 호텔이나 어학원 같은 경우에는 따로 어댑터가 필요 없게 콘센트 입구를 한국의 220볼트 입구로 만들어놓은 곳이 많다. 본인이 거주하는 지역을 살펴본 후 필요에 따라 구매해 가는 것이 좋다.

이와 함께 대부분의 전기제품들도 필리핀에서 저렴하게 구입이 가능하니 장기간 필리핀을 거주하는 경우라 할지라도 이민 가방 꾸리듯 온갖 물품을 들고 오는 것은 바람직한 행동이 아니다.

Q. 필리핀 화폐는 어떻게 되나요?

A. 필리핀 화폐 단위는 페소(Peso)이며 1페소는 100센티모다. 보통 센티모는 잘 사용되지 않는다. 동전은 5센티모, 10센티모, 25센티모, 1페소, 5페소, 10페소가 있다. 지폐는 20페소, 50페소, 100페소, 200페소, 500페소, 1000페소가 있는데, 500페소와 1000페소 지폐는 필리핀인에게 큰돈이라 서민들이 자주 가는 쇼핑몰을 갈 경우에는 위조 여부를 확인하는 경우가 많다. 필리핀에서는 잔돈을 잘 거슬러 주지 않는 경우가 많아 화폐 단위가 작은 돈을 소지하는 것이 좋다. 필리핀 지폐 속에는 필리핀인이 추천하는 여행 지역과 위인들이 소개되어 있다.

TIP

2016년 1월 1일부터는 2010년부터 발행된 지폐만 사용가능하며 2017년 이후부터는 구권 사용이 전면 사용 금지된다.

🔼 범용적으로 사용할 수 있는 멀티어댑터

🔽 필리핀 화폐 페소

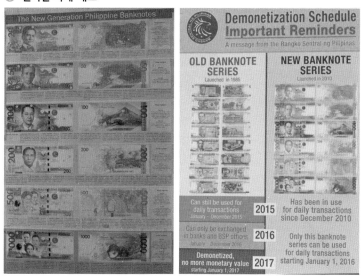

Q. 필리핀은 편도로 갈 수 있나요?

A. 편도항공권으로는 필리핀에 들어갈 수 없다. 필리핀은 현재 30일 무비자로 입국이 가능하다. 하지만 항공권은 귀국항공권 혹은 제3국 출국항공권을 소지해야 입국 시에 문제가 없다. 불법 체류의 소지가 있기 때문이다. 비자 없이 갈 수 있는 대부분의 나라가 이런 정책을 쓴다. 요즘은 필리핀에서 공부를 한 후 다른 나라로 연계연수를 가는 사람들이 많아져서 제3국 출국항공권을 끊는 경우가 많아졌다. 하지만 필리핀만을 다녀오는 경우라면 반드시 왕복항공권을 끊어야 한다.

보통 최저가 항공권 같은 경우는 귀국일이 변경되지 않는 경우나 혹은 수수료를 많이 요구하는 경우가 있어 배보다 배꼽이 더 큰 경우가 많다. 본인의 귀국 일정이 명확하지 않을 경우에는 최저가 항공보다는 귀국일 변경 수수료를 물지 않는 항공권을 구매하는 것이 좋다.

ⓘ 필리핀 항공

Q. 필리핀의 교통수단은
어떤 것이 있나요?

A. 필리핀의 교통수단은 각 지역마다 다르다. 하지만 마닐라 같은 경우는 필리핀의 모든 교통수단이 다 집결되어 있다. 버스, 택시, 지하철, 트라이시클, 자전거인력거, 지프니 등의 모든 교통수단을 이용할 수 있다. 마닐라 같은 경우는 전철, 지하철이라 할 수 있는 LRT, MRT가 있다. 기본요금은 보통 12페소부터 거리에 따라 20페소다. 평일 대낮 같은 경우에는 사람이 많이 없어 수월하게 탈 수 있는 교통수단이지만 출퇴근 시간에는 지옥철을 경험할 정도로 사람들이 붐빈다. 마닐라 외 다른 도시에는 아직 LRT, MRT가 없다.

세계적인 관광지 팔라완 같은 경우도 2015년이 되어서 택시가 운행되기 시작했고, 꽤 많은 지역에서 택시가 아직 운행되지 않고 있다. 그리고 산악지행인 바기오 같은 경우에는 자전거 인력거, 트라이시클이 지형 특성상 운행되지 않는다. 사람들이 가장 많이 이용하는 교통수단은 지프니이며, 우리나라의 마을버스 개념처럼 동네

구석구석을 다닌다. 지프니는 번호가 아닌 정차하는 지역명이 지프니 옆면에 적혀 있다. 요금은 지역마다 차이가 있지만 보통 거리에 따라 7페소에서부터 25페소까지 받는다. 트라이시클 및 자전거 인력거 같은 경우는 기본요금 7페소에서부터 거리에 따른 요금을 받지만 외국인 관광객 특성상 평균 요금보다 2배에서 3배를 요구한다. 이런 경우 타기 전 협상을 하고 타는 것이 좋다.

필리핀에서 가장 골칫거리라고 할 수 있는 것은 택시다. 택시는 관광객이 가장 많이 이용하는 교통수단이지만 관광객이 가장 필리핀에서 꼴불견으로 생각하는 것 역시 택시 서비스다. 역시 각 지역마다 요금의 차이는 있지만 기본요금 35페소에서부터 시작된다. 택시를 이용할 때 주의해야 할 점은 미터기를 켜는지 살펴보는 것이다. 간혹 미터기를 켜지 않고 나중에 말도 안 되는 가격을 요구하는 경우가 있다. 또한 택시기사 대부분이 길을 몰라도 무작정 손님을 태우므로 머리를 갸웃거리면서 '오케이'라고 말한다면 되도록 그 택시는 탑승하지 않는 것이 좋다. 기본요금에서 조금만 더 추가하면 갈 수 있는 거리를 빙빙 돌아 요금을 올리는 경우도 있으니 주의해야 된다. 또한 잔돈은 미리 준비해두는 것이 좋다. 택시기사 대부분이 잔돈은 팁이라고 생각해서 거슬러주지 않는다.

자전거 인력거

트라이시클

● 지프니

Q. 필리핀의 종교는 어떻게 되나요?

A. 잘 알려진 대로 필리핀은 가톨릭 국가이며 국민의 85% 가량이 가톨릭 신자다. 보통 우리나라에서 가톨릭은 천주교를 일컫지만 필리핀에서는 예수를 믿는 모든 종교를 가톨릭이라 부른다. 물론 천주교 신자가 압도적으로 많다. 가톨릭 외에 이슬람교, 불교, 도교 등도 있다. 민다나오 섬은 이슬람과 가톨릭 간의 분쟁이 있는 지역으로 유명할 정도로 종교적 갈등이 있는 곳이다.

필리핀은 가톨릭 교리의 영향으로 이혼이 어렵고 중절수술이 엄격히 금지되어 있다. 필리핀 내 종교의 영향력은 참으로 대단하여 어디를 가든 가톨릭의 분위기를 느낄 수 있으며 심지어 지프니 운전석에서도 가톨릭 성화를 흔하게 볼 수 있다. 그 정도로 필리핀인에게 종교는 그 어떤 것보다 소중한 유산이다.

Q. 필리핀에서 가장 인기 있는 스포츠는 무엇인가요?

A. 필리핀 거리를 돌아다니다 보면 남녀노소 누구나 농구를 하는 모습을 목격할 수 있다. 농구 골대가 전혀 있을 만한 곳이 아닌데도 동그란 구조물에 공을 던지는 식의 놀이를 즐긴다. 한국에서 인기 있는 야구나 축구 같은 스포츠는 필리핀에서는 상상하기 힘들다. 축구는 잔디구장은 논외로 치더라도 공을 이리저리 몰고 다닐 수 있는 공간이 있어야 되는데, 채 한 평이 되지 않는 곳에서 한 가족이 거주하는 환경인 상황에서 그런 공간이 있을 리 만무하다. 간혹 대학교 동아리 모임으로 축구를 하기도 하지만 대학에 진학한다는 것 자체가 부유하지 않으면 불가하기 때문에 축구는 '부자들의 스포츠'라는 인식이 강하다. 야구는 장비 자체가 비싸기 때문에 두말할 필요가 없다.

필리핀에서 농구 다음으로 즐기는 스포츠는 당구다. 하지만 우리나라 사람이 즐겨 치는 4구가 아닌 포켓볼을 즐겨한다. 작은 테이블에 당구공 대신 구슬로 포켓볼을 치는 광경을 필리핀 시내에서 자주 볼 수 있다. 그 다음 인기 있는 스포츠는 복싱이다. 현존하는 복싱전설로 불리는 필리핀의 복싱 스타 매니 파퀴아오의 영향인 듯싶다. 필리핀 빈민가 출신으로 복싱 실력 하나로 인생 역전한 파퀴아오의 삶을 동경하며 많은 이들이 복싱을 대리만족의 스포츠로 생각한다. 실제 매니 파퀴아오의 경기가 있는 날이면 필리핀의 도시가 멈춘다는 말을 할 정도로 매니 파퀴아오의 복싱은 필리핀인들에게 있어 스포츠 이상에 의미가 있다.

필리핀에서의 인기 스포츠는 한국의 인기 있는 스포츠와는 그 성격이 다르다. 한국의 인기 스포츠가 개인의 취향에 따라 즐기는 '기호식품'이라면 필리핀의 인기 스포츠는 공간적, 금전적 제약 그리고 본인의 삶을 역전 시킬 수 있는 기회의 스포츠들이다.

필피핀의 카톨릭

인기 스포츠 농구
인기 스포츠 당구

Q. 필리핀의 공휴일은 어떻게 되나요?

A. 필리핀의 공휴일은 우리나라와는 다르게 일정하지 않다. 우리나라 같은 경우는 매년 새해 달력을 보면서 공휴일이 휴일하고 겹치느냐 아니냐에 따라 환호하기도 하고 실망하기도 하지만 필리핀은 휴일이 굉장히 유동적이다. 만약 공휴일이 화요일이면 필리핀인들은 휴일을 옮겨 월요일에 쉰다. 일요일과 월요일 연속 이틀을 쉴 수 있으니 그것이 더 현명하다고 생각하는 논리다. 그와 함께 필리핀에서는 갑자기 휴일이 잡히는 경우도 많다. 대통령의 특별지정에 따라 휴일이 결정되기도 한다. 그나마 요즘은 이런 식의 행태를 조금씩 수정해 나간다고는 하나 그동안 관습같이 이어지던 필리핀의 휴일 개념이 쉽게 바뀔지는 의문이다.

필리핀의 정기적인 휴일은 다음과 같다.

➙ Regulur Holidays

New Year's Day – January 1

Good Friday – April 1,2

Arawng Kagitingan – April 9

Labor Day – May 1

Independence day – Jun 12

National Heroes Day – August 30

Bonifacio Day – November 29

Christmas Day – December 25

Rizal Day – December 30

➙ Special(non working) holidays

Ninoy Aquino Day – August 23

All Saint's Day – November 1

Christmas Eve – December 24

Last day of year – December 31

Q. 필리핀의 교육 체계는 어떻게 되나요?

A. 예전 필리핀 교육 체계는 초등학교에서 대학까지 '6-4-4제'를 채택했었다. 초등학교 6년, 중학교 없이 고등학교 4년과 대학교 4년. 우리에 비해 2년 정도 짧았다. 국방의 의무가 없기에 보통 대학교를 졸업한 필리핀인의 나이는 22살 정도이다. 필리핀은 우리나라처럼 의무교육이 아니어서 부모의 의지에 따라 학교를 다니는 여부가 결정된다. 거리에 구걸하는 사람들이 많은 이유는 의무교육에 대한 인프라가 그만큼 떨어진다는 의미다. 의무교육이 아니다 보니 성당 같은 종교단체에서 무료교육을 하는 등 사회가 지원하지 못하는 교육 체계를 뒷받침하는데, 이런 무료교육 현장에 가보면 학생들의 연령대가 초등학생부터 고등학생까지 매우 다양함을 확인할 수 있다. 이 복잡한 연령이 다 함께 초등학교 수업을 듣는 것이다.

의무교육이 부재인 상황 속에서 2013년 5월 15일 대통령의 서명을 거쳐 12학년제가 도입되었다. 많은 필리핀 서민들이 반대의사를 표명했지만 국가경쟁력을 위해 교육체계는 바뀌게 되었다. 현재 K-12프로그램으로 불리며 유치원 1년 초등학교 6년 고등학교 6년의 교육시스템을 거쳐 대학으로 넘어가게 된다.

이 제도가 장기적으로는 국가경쟁력을 높일 수 있다는 장점으로 보고 있지만 의무교육이 아니다 보니 빈부격차가 더더욱 심해지는 계기가 될 것이라는 우려 섞인 전망도 나오고 있다. 물론 공교육은 무료로 진행된다. 하지만 필리핀 대부분의 공교육 현장은 한 반 당 100여명의 인원이다. 교재 및 필기구를 살 수 없는 저소득층 부모는 단순히 수업료 무료라는 것이 큰 메리트로 다가오지 않는 것이 불편한 현실이다.

필리핀의 빈부격차가 점점 심화될 것이라는 이야기가 단순히 우려가 아닌 현실로 다가올 수 있다는 것은 바로 이런 점 때문이다.

필리핀교육정책반대시위 ↓

살아온 날보다 살아야 될 날이 많기

에 내 남은 후반전의 삶에 이상적인

곳을 찾기 위해서 나는 바기오의 삶

을 체험해 보기로 한 것이다.

Part 2.

바기오,
그곳에 나를
두고 오다

○ 도피가 아닌 도전이다

　　눈 감으면 하루가 지나가고, 눈 감으면 한 달이 지나가고, 그렇게 시간이 흘러 어느새 불혹의 나이를 앞두게 된 나에게 많은 지인들은 염려의 시선을 보낸다. 하지만 나는 그들에게 반문한다. 인생은 이제 100세 시대라고 말하면서 왜 인생의 반도 살지 않은 나의 삶을 벌써부터 평가하는가? 물론 그렇다. 자본주의 삶을 살아가는 이 시대의 모든 청춘들은 살아온 시간에 대한 평가를 받는다. 더군다나 사회가 신용하지 않는 지방대학을 나온 학생들은 더더욱 쫓기는 삶을 살아가게 되고 남들에게 열심히 자기개발을 하고 있다는 것을 보여줘야 안심이 된다.

그러다 보니 많은 이들이 긴 인생의 여정 속에서 휴식기라 할 수 있는 시간조차도 남들 눈치를 보며 옥죄며 살아가고 있다. 또한 여유가 나태로 변하고 평화로움이 나른한 일상으로 평가되는 경쟁 사회 속에서 해외연수를 통한 도전이 도피로 변질될까 염려스러운 학생들은 지금도 자기개발의 도전을 두려워하고 있다. 열정도 유통기한을 정하듯 나이 대에 맞는 도전이 암묵적으로 정해져 있는 사회. 그런 사회적 분위기 속 나의 모습은 도전으로 평가하기보다는 도피의 시선으로 비춰지는 것이다.

짧은 시간에 스파르타 교육 시스템으로 영어 정복을 할 수 있다는 필리핀 어학연수와 그 중에서도 군대에 입대한다는 느낌으로 간다는 바기오! 도시에 대한 매력보다는 영어 정복을 위해 거치는 지역으로만 인지되는 바기오가 세계적 애니메이션 거장인 미야자키 하야오의 대표작 '하울의 움직이는 성'의 모티프가 된 도시라는 사실은 우리들은 모른다.

경쟁사회에 치여 도전이 도피로 인지되지 않기 위해 경주마처럼 영어 정복을 위해 앞만 보며 바기오의 아름다움을 보지 못하는 청춘들이기 때문에……

내가 바기오로 가는 이유는 내 인생의 후반전을 위해서다. 필리핀의 매력을 느끼며 매년 오라오라 병에 걸려 찾게 된 필리핀. 항시 여행지로서 세부, 팔라완, 보라카이 같은 여행지만 찾게 되었는데 이번에는 필리핀인이 가장 이상적으로 생각하는 도시 바기오를 알아보기 위해서 도전을 계획했다. 살아온 날보다 살아야 될 날이 많기에 내 남은 후반전의 삶에 이상적인 곳을 찾기 위해서 나는 바기오의 삶을 체험해 보기로 한 것이다.

버킷리스트조차 스트레스가 되고 있지는 않는가?

30대가 가지고 있어야 할 스펙. 30대라면 꼭 해야 되는 일들! 자기개발이라는 명목 하에 만들어진 사회의 잣대 속 우리는 병들고 있다.

버킷리스트조차 매뉴얼화 되어 스트레스를 받는 것이 지금의 대한민국을 살고 있는 청춘이다. 나 역시 타인의 시선으로 보면 미래를 준비하지 않는 사람으로 분류되어 있었다. 생각해 보면 내 버킷리스트는 이미 완성되었지만 자본주의 사회 속에 비친 나의 모습은 이미 패배자로만 인식되고 있었다.

나는 행복하다고 말하지만 사회적 시선은 너는 지금 준비가 되어 있지 않으며 불행한 사람이라고 주술을 부리듯 나를 괴롭혔다. 그럴 때마다 나는 필리핀으로 도피하듯 떠났다. 그리고 나는 필리핀에서 행복바이러스에 감염되어 한국으로 돌아온다. 그렇게 반복되는 필리핀여행에서 필리핀인들이 가장 사랑하는 도시인 바기오를 접하게 되었다.

과거 스파르타 영어교육의 효시가 된 도시로만 알려진 도시 바기오. 필리핀 유학이 어느 정도 유학시장에서 차지하는 비중이 커지면서 바기오를 찾는 사람들이 늘어나게 되었고, 필리핀으로 이주하는 사람 중에서도 바기오의 날씨와 환경을 최고로 손꼽는 사람들이 늘어나는 현상을 보며, 바기오에 살아보기로 마음먹게 되었다.

카메라 셔터가 바쁘게 움직이는 여행객의 신분이 아닌 현지인의 삶을 살아보기로 결정했다. 많은 이들은 시간 낭비하는 것이라며 지금부터라도 한 곳에 정착하라며 조언을 보낸다. 하지만 나는 그들에게 말한다.

"내 삶의 전반전이 끝나기 전 남들이 이야기하는 살기 좋은 나라가 아닌 내가 살고 싶은 나라와 도시를 경험해 보고 싶어서 갑니다."

Q 바기오는 어떤 곳인가?

A. 바기오는 '필리핀 여름의 수도'라는 별칭이 붙는 곳이다. 여름이 되면 해수욕장을 찾는 우리나라와는 달리 연중 내내 무더운 날씨를 지닌 필리핀의 일반적인 날씨 특성 상 서늘한 기온의 바기오를 찾아 여름휴가를 즐긴다. 실제 필리핀인들이 여름에 가장 사랑하는 도시가 바로 바기오다. 바기오 도시는 1909년에 바기오시로 확정되었다. 그 이후부터 마닐라가 제일 더운 건기 시즌 때 필리핀 위원회의 공무를 바기오로 이동해 진행하곤 했다.

실제로 바기오 시내에는 대통령 별장이 존재할 정도로 필리핀인들에게 있어 바기오는 여름휴가를 즐기는 최적의 휴양지다.

> " 내 삶의 전반전이 끝나
> 기 전 남들이 이야기하는 살
> 기 좋은 나라가 아닌 내가
> 살고 싶은 나라와 도시를 경
> 험해 보고 싶어서 갑니다. "

○ 바기오 가기 전 무엇을 준비해야 되나?

일 년 내내 여름일 것이라는 필리핀에 대한 편견으로 무장한 친구들과 지인들의 선물은 여름옷들과 물놀이용품이었다. 2009년 처음 접한 바기오는 추웠다. 그리고 물 먹는 하마 몇 마리를 잡아먹을 정도로 습했다.

그 편견들이 모인 나의 캐리어는 이민 가는 사람마냥 28인치의 캐리어에 가득 담긴 짐들이 조갯살처럼 튀어 나왔다. 최저가 항공인 에어아시아 항공을 타며 신청한 20kg의 무게로는 터무니없을 캐리어를 보며 나는 고민에 휩싸였다. 편하게 5kg 혹은 10kg에 대한 추가요금을 지불하고 탈 것인가? 아니면 조금 고생스럽더라도 인생의 반도 살지 못한 나의 무한체력을 믿고 양손 가득 짐을 들고 갈 것인가?

결국 나는 내 체력을 믿기로 했다. 수화물을 맡기고 가벼운 몸으로 여행을 준비하는 이들과 달리 나는 이리저리 짐들을 들고 다니며 짐 값을 아껴 절약한 돈으로 바기오에서의 생활을 조금 더 누리는 기분 좋은 상상을 하며 마닐라 행 에어아시아 비행기에 올라탔다.

◆ 바기오 출국 전 중요 Q&A

Q. 바기오로 가기 전 꼭 페소로 환전해야 되나요?

A. 일반적으로 필리핀 사람들은 미국 달러를 좋아하며 환율 우대 역시 잘해 주고 있다. 따라서 원화에서 페소로 바꾸는 것이 더 낫다고 생각하는 것은 잘못된 생각이다. 미국 달러로 환전을 한 뒤 필리핀 환전소에 가서 페소로 환전하는 것이 가장 이득이다. 보통 공항이나 카지노 근처의 환전소는 이용하지 말라는 것이 정설이지만 바기오 같은 경우는 대부분의 어학연수 학생들이 이용하는 SM몰 환전소보다 공항에서 환전하는 것이 더 좋은 환율 우대를 받는다(마닐라 공항 환전소에서도 환전 차이가 크니 꼭 체크를 해야 된다).

이와 함께 시티은행 국제직불카드를 이용하는 것도 좋은 방법이다. 시티은행에 가서 계좌를 개설한 후 시티은행 ATM기를 이용해서 페소를 인출할 경우 1달러에 수수료만 내고 돈을 환전할 수 있다. 하지만 바기오에서는 시티은행 지점뿐만 아니라 시티 ATM기가 없다. 바기오 내 모든 ATM기에 페소를 인출할 경우 수수료는 200페소다. BPI은행은 2만 페소까지 인출이 가능하고, BDO은행 및 기타 은행은 10000페소까지 인출이 가능하다.

상대적으로 많은 돈을 인출해야 되는 사람인 경우 인출 금액과 상관없이 바기오에서는 BPI은행에서 인출하는 것이 이득이다.

Q. 바기오 날씨는 어떤가요? 그리고 짐은 어떻게 싸야 되나요?

A. 필리핀은 연중 내내 덥다는 편견이 있다. 그러다 보니 필리핀에서는 긴팔 긴바지가 필요 없다고 생각하는 사람들이 많이 있다. 하지만 그 생각은 잘못된 생각이다. 고산지대에 위치한 바기오는 연중 평균온도가 18도에 불과하며 바기오의 겨울이라 할 수 있는 12월부터 2월까지는 새벽에 서리가 낄 정도로 춥다. 그러다 보니 필리핀의 다른 지역으로 여행을 갈 때와는 짐을 달리 싸야 된다.

두꺼운 옷도 한두 벌 정도 챙겨가는 것이 좋으며 바람막이 점퍼 혹은 긴바지 긴팔 후드 티 위주의 옷들이 많이 필요하다. 그리고 짐을 싸기 전에 꼭 알아둬야 될 점이 있다. 바기오는 다른 지역과 달리 물놀이만 가능한 것이 아니라 야외 엑티비티도 가능하다는 사실이다. 바기오 시내를 기준으로 두 시간 이내로 온천과 서핑을 즐길 수 있는 지역이 있으며, 사가다 동굴 그리고 산토 토마스, 마운틴 뽈락 같은 하이킹 코스 지역도 있어 해양스포츠뿐만 아니라 산악스포츠도 즐길 수 있다. 그러기에 산악스포츠를 좋아하는 사람들이라면 그에 맞는 짐(트레킹화, 등산복, 침낭)을 싸가지고 오는 것이 좋다. 물 먹는 하마 같은 제습제 같은 경우는 바기오 현지에서 저렴하게 구매할 수 있어 굳이 사가지고 올 필요는 없다.

⬆ ✏ p.21 필리핀 바기오의 환전

⬇ 고산지대에 위치한 바기오

Q. 바기오는 어떤 항공을 타고 가는 것이 좋나요?

A. 바기오는 직항노선이 없다. 마닐라에서 약 4시간에서 5시간 정도 버스를 타고 가야 도착할 수 있다. 보통 항공권 같은 경우는 본인의 상황에 맞는 항공권을 구매하는 것이 좋다.

필리핀은 편도 입국이 불가능하기 때문에 왕복항공권을 끊어야 된다. 필리핀 어학연수나 단기여행같이 출입국 날짜가 명확한 상태에서 바기오를 가고자 한다면 최저가 항공(에어아시아, 세부퍼시픽, 제주항공)을 이용하는 것이 좋다. 그 경우 비성수기 기준으로는 왕복 기준 20만 원이 채 되지 않는 금액으로 항공권 예매가 가능하다. 하지만 출국 날이 정해지지 않는 경우는 최저가 항공보다는 필리핀항공, 대한한공, 아시아나 같은 항공을 이용하는 것이 현명하다. 보통 최저가 항공의 경우는 출국일 변경을 할 경우 많은 수수료를 요구한다. 하지만 필리핀항공사 같은 경우는 한 번 정도는 무료로 출국일 변경이 가능하기 때문에 일정이 불명확한 경우는 최저가 항공보다 금액은 비싸지만 필리핀 항공사를 이용하는 것이 경제적으로 더 이득이다.

Q. 한국에서 사용하는 스마트폰을 바기오에서 사용 가능한가요?

A. 요즘 스마트폰은 유심칩을 꽂아 사용하는 형태다. 따라서 휴대폰이나 스마트폰을 가져가 유심칩만 구입해 갈아 끼우면 그대로 사용가능하다. 필리핀 대표통신사로는 GLOBE와 SMART, SUN이 있다. 본인의 상황에 맞는 통신사를 선택해 칩을 구매하는 것이 좋다. 보통 필리핀 통신사 같은 경우는 같은 통신사끼리 무제한 통화와 문자 등의 프로모션이 많아 연락해야 되는 사람들이 사용하는 통신사를 이용하는 것이 현명한 선택이다.

통신사 별로 앞 번호는 다음과 같다.

→ GLOBE

0905, 0906, 0915, 0916, 0917, 0925, 0926, 0927, 0935, 0936, 0937, 0996, 0997

→ SMART

0907, 0908, 0909, 0910, 0912, 0918, 0919, 0920, 0921, 0928, 0929, 0930, 0938, 0939, 0946, 0947, 0948, 0949, 0989, 0999

→ SUN

0902, 0903, 0922, 0923, 0932, 0933, 0934, 0943

Q. 59비자는 어떻게 받을 수 있나요?

A. 영어의 중요성과 이민에 대한 관심이 높아짐에 따라 단순히 여행으로 필리핀을 찾기보다 어학연수, 유학, 이민으로 장기간 필리핀에 가는 경우가 많아지고 있다. 필리핀에 30일 이내로 체류할 경우에는 별도의 비자 없이 왕복항공권만으로 방문이 가능하다. 하지만 30일 이상 머무는 경우라면 59비자를 신청하는 것이 좋다. 59비자라는 이름은 '30일 무비자 기간+29일의 비자'를 의미한다. 30일 이상 59일 이내로 필리핀에 체류할 경우는 한국에서 미리 비자연장을 하는 것이 경제적이다. 필리핀 현지에서도 물론 비자연장을 할 수 있지만, 한국에서 비자를 발급받아 갈 경우는 3~4만원을 절약할 수 있기 때문이다.

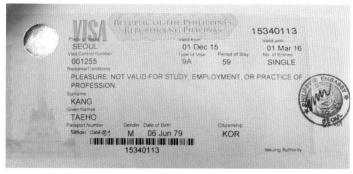

59비자 ❶

필리핀 이민성 위치는 다음과 같다.

주소: 서울시 용산구 이태원동 5-1번지 Tel: (02) 796-7387~9

Fax: (02) 796-0827

홈페이지: www.philembassy-seoul.com

59비자 신청 시 구비서류는 다음과 같다.

· 이민성에 구비되어 있는 신청서(인터넷으로 다운로드 가능)

· 촬영한 지 6개월 미만의 증명사진

· 여권과 여권 사본

· 왕복항공권(출·입국일이 정해져 있는 항공권으로 오픈티켓은 안 됨)

· 보증서와 보증인 신분증 사본(도장, 동행인은 보증인이 될 수 없음)

· 재직증명서, 사업증명서, 은행잔고증명서, 대학교재학증명서 중 택일

· 영문 주민등록등본

· 방문 목적에 맞는 서류 제출(입학허가서)

· 비용 33,550원(1인당)

서류 제출 후 여권을 받으러 다시 한 번 필리핀 이민성을 방문해야
한다. 보통 59일 비자가 나오는 기간은 일주일이지만 간혹 그 이상
이 걸리는 경우도 있으니 미리 신청해두는 것이 좋다.

Q. 비자 트립을 한국에서 준비하고 가도 되나요?

A. 필리핀은 30일까지는 무비자지만 30일 이후부터는 한 달 간격으로 비자연장을 해야 되며 59일 이후부터는 ACR-I CARD를 신청해야 된다. 흔히 아이카드(Alien Certificate Of Resistration Identity Card)로 불리는 이 카드는 외국인의 신분등록을 증명하는 카드로 2009년 12월까지는 학생비자 또는 워킹비자 소지자들에게만 해당되었지만 그 이후에는 59일 이상 체류하는 여행객도 장기체류 외국인으로 규정하여 확대시켰다. 신청비용은 약 3000페소이며 59일 비자연장 비용까지 포함하면 약 8000페소 가까운 돈이 소비된다. 그렇기에 많은 사람들이 2차 비자연장보다는 59일이 넘어가지 않는 시점으로 근방 외국으로 여행을 갔다 온 뒤 다시 무비자 30일을 받는 식으로 비자 트립을 가는 경우가 많아졌다.

필리핀은 법적으로 편도입국이 불가능하기 때문에 출입국이 정해진 항공권 혹은 필리핀을 출국하는 항공권이 있어야 입국이 가능하다. 그렇기에 한국에서 비자 트립을 준비할 경우 먼저 마닐라 항공권 혹은 클락 항공권을 끊고 출국 항공권을 근방 여행지(말레이시아, 태국, 싱가포르, 홍콩)로 끊어야 필리핀 입국이 가능해진다. 보통 마닐라, 클락 국제공항에서 출발하는 최저가 항공들이 많아 항공 프로모션만 잘 잡으면 왕복 기준 10만 원으로도 항공권을 구매할 수 있다.

필리핀 왕복항공권을 구매할 때 출국하는 시점이 성수기 시즌이면 금액이 비싸진다. 그럴 때에는 편도항공권을 구매하고 일단 최저가 프로모션의 동남아시아 항공권(말레이시아, 싱가포르, 홍콩, 태국)을 구매한 후 한국으로 돌아오는 항공권에 대한 프로모션이 진행될 시 구매하는 것도 항공권 금액을 절약할 수 있는 하나의 팁이다.

Q. 여행자 보험을 꼭 들어야 되나요?

A. 말 그대로 보험은 최악의 상황을 맞이했을 때 필요한 것이므로, 여행자 보험은 무조건 가입하는 것이 좋다. 필자 역시 필리핀에 오래 거주하며 느낀 것이지만 사고는 예측 불가능한 상황에서 일어나는 경우가 대부분이다. 예측 불가능할 뿐만 아니라 황당한 사건도 자주 일어난다. 섬 근처에서 스노쿨링을 하던 유학생 중 한 명이 떨어지는 코코넛 열매에 머리를 맞아 뇌출혈로 쓰러진 것이 대표적인 예다. 다행히 생명에 지장은 없었지만 만약에 보험을 들지 않았다면 의료비 부담까지 엎친 데 덮친 격이었을 것이다.

보통 필리핀에서 사고가 나게 되면 외국인인지라 필리핀 자국민이 가지고 있는 의료 혜택을 받지 못한다. 하지만 여행자 보험을 들게 되는 경우 어느 정도 금액 선에서 보장을 받게 된다. 우리나라 속담에 '호미로 막을 것을 가래로 막는다'는 이야기가 있다. 적은 힘으로 충분히 처리할 수 있는 일에 쓸데없이 많은 힘을 들인다는 그 속담이 바로 이 여행자보험에 대한 필자의 생각이다. 1년 기준 20만 원 이내로 들 수 있는 보험으로 불의의 사고에 대비하는 식으로 여행자 보험은 꼭 들기 바란다.

Q. 가로세로가 2인치인 증명사진은 꼭 한국에서 찍어가야 되나요?

A. 한국에서 많이 쓰는 증명사진 사이즈는 가로 3cm 세로 4cm인 사진이다. 이와는 다르게 필리핀에서 여러 서류에 제출되는 증명사진 사이즈는 가로세로가 2인치인 사진이다. 실제 비자연장 및 SSP발급 서류에 들어가는 사진 사이즈가 2인치 사진이다. 그런데 한국에서는 가로세로 2인치의 증명사진 사이즈가 사용되지도 않을 뿐더러 있더라도 금액이 비싸다. 그런 점에서 한국에서 증명사진을 준비할 것 없이 바기오에 가서 준비하는 것이 더 좋은 선택이다. 보통 SM몰 내부에 사진관에서 많이 사진을 찍지만 대부분의 사진관에서 2인치 사진을 다 취급하고 있다. 금액도 6장 기준으로 60페소에서 100페소 이내면 사진을 찍을 수 있다. 1페소를 25원으로 계산하면 약 2000원 정도 수준으로 증명사진을 찍을 수 있다.

Q. 필리핀 입국하기 전 블랙리스트 체크하라는데 그것이 무엇인가요?

A. 필리핀 입국 중 이민국에 의해 입국이 거부되는 사례가 있다.

그 경우는 다음과 같다. 블랙리스트에 올라 있는 자, 블랙리스트에 올라 있는 자와 동명이인의 경우, 블랙리스트에는 올라있지 않으나 과거 필리핀 출입국 과정 중 부정적 기록이 남은 자 등등이다. 여기에서 황당한 경우가 블랙리스트에 올라 있는 자와 동명이인인 경우다. 다른 나라에 비해서 동명이인이 많은 한국에서는 이 문제가 시급히 해결되어야 될 문제다. 한국대사관에서는 지속적으로 한국 국민의 경우, 동일 성명이 많음을 감안하여 한국 국민에 한하여 생년월일을 넣어 달라고 지속적으로 요청하고 있지만 아직 완전히 개선되기에는 시간이 필요한 상황이다.

2015년 기준으로 블랙리스트에 오른 영문 성명은 다음과 같다.

1. CHAE JI HYEON
2. HA JAE WUK
3. HA YONG SUNG
4. HONG MIN HEE
5. HONG MOON SIK
6. HONG SI MYOUNG
7. JUNG SUK HWAN
8. KIM BYOUNG TAK
9. KIM CHANG HUN
10. KIM DONG YEOL
11. KIM EUN HA(HA EUN)
12. KIM EUN ME
13. KIM HOUNG MIN
14. KIM HYUN DEUK
15. KIM IN KEE
16. KIM JIN SU
17. KIM JIN YONG
18. KIM JONG JOO
19. KIM JONG YOUNG
20. KIM JOON SIK
21. KIM JOUNG DONG
22. KIM MYOUNG SU
23. KIM SUN DUK
24. KIM SUNG YUB
25. KIM TAE DONG
26. KIM WON YOUNG
27. KIM YONG HO
28. KIM YOUNG HO
29. LEE CHUL WON
30. LEE DONG JAE
31. LEE DONG YUN
32. LEE JUNG HEE
33. LEE JUNG MIN
34. LEE SANG HYEON
35. LEE SANG MO
36. LEE SANG YONG
37. LEE SEON KEUN
38. LEE SEUNG JAE
39. LEE YONG TAE
40. LEE YOON CHANG
41. LEE YOUNG JOO
42. OH MI SUN
43. PARK BO HYE
44. PARK KYUNG MI
45. PARK SUN DO
46. PARK SUNG IL
47. PARK TAE WON
48. PARK WOO YONG
49. PARK YOUL
50. SEO HYUN UK
51. SHIN SOON DUK

52. SONG JAE HO	53. SONG JASON	54. SONG KI HONG
55. YOON JAE HAK	56. HA SUNG JAE	57. KIM MI KYUNG
58. PARK JAE JONG	59. CHO CHUNG SIK	60. CHO SUNG SU
61. KING YOUNGJUNE	62. JUNG SUNGKEE	63. JUNG YOUNGSOO
64. HONG SUNG	65. KIM NAKHYUN	66. CHOI SEOUNGHOON
67. KANG MINSU	68. JO GYOUNGNAM	69. AHN JINSEONG
70. AHN JINKYUNG	71. KIM SANG YOUN	72. LIM DO HYOUNG

만일 본인의 영문 성명이 블랙리스트에 올라 있다면, 반드시 블랙리스트상의 사람과 본인이 일치하지 않는다는 증명서(NTSP: Not The Same Person)를 사전에 필리핀 이민국으로부터 발급받아 입국해야 출입국 시 피해를 당하지 않는다.

Q. 바기오 입국하기 전 예방접종 같은 것이 필요한가요?

A. 필리핀은 날씨가 덥고 부패가 쉽게 일어나는 곳이라 위생에 각별히 신경을 써야 된다. 여러 가지 질병이 있지만 필리핀 내 가장 조심해야 될 전염병은 뎅기열이다. 뎅기열은 동남아시아 전역에 분포하는 풍토병으로 모기로 인해 전염된다. 뎅기열은 특별한 예방접종이나 치료약이 없다. 다행히 바기오는 필리핀의 다른 도시와는 다르게 모기가 좋아하는 환경이 아니다. 그래도 방심해서는 안 된다. 항상 위생에 신경 써서 생활한다면 뎅기열은 크게 문제가 되지 않는다. 이밖에 말라리아와 황열 같은 동남아시아에서 유행하는 전염병들이 있지만 선선한 기온 탓으로 그런 병들은 바기오에는 좀처럼 발병되지 않는다.

필리핀이 후진국이기 때문에 예방접종을 하지 않으면 죽을 수 있다는 말도 안 되는 루머들이 인터넷에 돌고 있다. 하지만 그것은 사실이 아니다. 필리핀도 사람 사는 곳이다. 편견에 사로잡혀 가는 일이 있어서는 안 된다.

필리핀에 입국하기 전 질병관리본부 해외여행질병정보센터(http://travelinfo.cdc.go.kr/travelinfo)를 통해 현재 필리핀 내 유행하는 질병에 대한 정보를 알 수 있고 그에 따른 조치를 취할 수 있다.

○ 바기오로 가는 길

2015년 2월 9일 새벽 1시 마닐라공항에 도착했다. 주말에 마닐라공항에 가면 이민자 행렬을 보는 듯 대형 캐리어를 끌고 다니는 정체 모를 무리들을 많이 만나게 된다. 그들의 모습은 환희에 찬 여행객의 모습과 달리 어딘가 긴장감이 서려 있다. 그들의 대부분은 바기오로 어학연수를 가는 학생들이다. 학생들은 2주나 4주에 한 번 학교의 픽업 차량을 타고 바기오로 가게 된다.

마닐라공항에는 총 4개의 터미널이 있다. 1터미널은 대한항공 아시아나 등의 외국항공사, 2터미널은 필리핀항공사, 3터미널은 에어아시아 및 세부퍼시픽 등등의 외항사가 다니며 4터미널은 국내선 이용 시 이용되는 터미널이다.

학생들은 설렘 반 두려움 반으로 단체 픽업 장소에서 모든 학생이 다 모일 때까지 오매불망 기다린다. 마치 자대 배치된 신병들이 동기를 기다리는 마음 같은 모습이다. 이들의 연령대는 다양하다. 이제 막 청소년 티를 벗은 20살 남짓의 대학 새내기부터 50대 후반의 아저씨까지 그들은 각자의 사연을 가슴에 품고 바기오로 가는 차량에 몸을 싣는다.

2010년 1월 처음 접한 바기오는 나를 든든한 옷으로 무장하게 만들었다. 그 당시 마닐라에서 바기오까지는 평균 8시간이 걸렸다. 픽업 차량 버스에서 나오는 에어컨 바람은 혹한기 훈련 군용트럭을 타고 진지로 이동할 때처럼 온몸에 오한이 들 정도로 강렬했다. 그 당시의 기억들 때문에 나에게 바기오는 딱 한 번 빡세게 영어 공부를 위해 가는 지역이라는 편견이 생겼다. 그렇게 약 5년의 시간이 흐르고 다시 바기오로 가는 길을 조우했다.

바기오로 가는 길은 정비가 잘 되어 있었다. 일단 마닐라 시내에서 바기오로 들어가는 고속도로가 뚫려 더 이상 경운기를 타고 비포장도로를 달리는 착각을 주는 옛 추억은 사라졌다. 논스톱으로 가게 되면 약 4시간이면 갈 정도로 도로사정이 좋아졌으며 도로를 지날 때마다 문명과 멀어지는 느낌을 받던 5년 전의 바기오의 추억이 고속성장을 한 바기오의 모습과 부딪치며 바기오에 대한 편견이 무너지고 있었다. 그렇게 과거의 기억을 퍼즐 맞추듯 맞추던 나의 추억놀이는 바기오로 가는 4시간 남짓한 시간이 현실과 충돌하며 현실에는 없는 과거의 추억으로 바뀌고 있었다.

◆ 마닐라에서 바기오를 가는 방법

1) 단체 픽업 이용하기

　　바기오로 어학연수를 가는 사람이라면 개인적으로 가기보다는 학교 픽업차량을 이용하는 것이 좋다. 학교에서는 보통 2주에서 4주 텀으로 학생들을 단체 픽업하고 있으며 비용은 약 5만원이다. 단체 픽업 날과 시간을 맞춰서 가야 되는 불편함이 있지만 연수로 바기오를 가는 사람이라면 가장 합리적인 방법이다.

2) 버스 이용하기

　　버스 편으로 바기오를 가는 경우는 파사이(PASAY)터미널과 쿠바오(CUBAO)터미널을 이용하면 된다. 마닐라공항에서 버스터미널까지의 이동은 택시비 기준으로 파사이 터미널은 100페소 정도이며 쿠바오 터미널은 약 200페소 정도 든다. 하지만 대부분의 택시기사들은 두 배 이상의 요금을 요구한다. 마닐라 공항에 도착하면서 흥정은 시작된다.

파사이 터미널의 바기오 가는 버스 편은 다음과 같다.
→ 일반 버스
01:00 02:00 03:00 04:00 05:00 06:00 07:00 08:00 09:00 10:00
10:30 11:00 11:30 12:00 12:30 13:00 13:30 14:00 15:00 16:00

17:00 18:00 19:00 20:00 21:00 22:00 22:30 23:00 23:30 23:55

→ 우등 버스

1:15 10:15 11:15 13:15 23:45

쿠바오 터미널의 바기오 가는 버스 편은 다음과 같다.

→ 일반 버스

01:00 02:00 03:00 04:00 05:00 06:00 07:00 08:00 09:00 10:00
11:00 11: 30 12:00 13:00 14:00 15:00 16:00 17:00 18:00 19:00
20:00 21:00 22:00 22:30 23:00 23:55

→ 우등버스

00:15 10:15 12:20 20:15 23:15

보통 일반버스는 중간중간 정차할 뿐만 아니라 고속도로를 이용
하지 않아 8시간 이상 소요된다. 반면 우등버스는 좌석이 편안하
고 간단한 식사도 제공된다. 논스톱으로 바기오를 가는지라 내부
에 화장실까지 설치되어 있다. 금액은 우등버스는 750페소 이내이
며 일반버스는 500페소 정도 수준이다(각 버스마다 미미하게 차
이가 있다. 국제학생증이 있을 경우 몇몇 버스회사는 20퍼센트까
지 할인이 가능하다).

필리핀 보통 사람이 행복한 도시 / 바기오

학원 픽업차량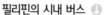

필리핀의 시내 버스

○ 저는 여러분들보다 10살이 많습니다

　　새벽 6시 바기오의 모습은 다시 한 번 5년 전 추억을 끄집어냈다. 일본 애니메이션 '하울의 움직이는 성'에 나오는 것처럼 집들이 산 구석구석 매달려 있는 모습과 일출 시간이 겹쳐 만들어내는 바기오의 모습은 모든 학생들의 걸음을 멈추게 할 정도로 아름다움을 발산하고 있었다.

감상에 젖는 것도 잠시였다. 학생들은 자대 배치된 신병처럼 기숙사 방 번호를 부여받고 흩어졌다. 학교 구석구석마다 영어 공부를 독려하는 캐치프레이즈들이 넘쳐났고, 학생들은 신림동 고시원으로 들어가는 느낌으로 각자 배정된 기숙사로 들어갔다.

그렇게 두 시간 정도 짐을 정리하는 시간이 주어지고, 여독이 채 가시기도 전 강당에 50여명의 신입생들이 모였다. 신입생 OT 및 레벨테스트를 보기 위해서였다. 같은 시기에 온 학생들과 대화의 시간을 가지게 되었다.

한 친구는 토익점수는 있지만 영어로 말하는 것이 힘들어서 바기오로 어학연수를 왔고, 어떤 친구는 호주로 워킹을 가기 전 영어의 기본기를 다지기 위해 왔다고 했다. 그리고 나이가 지긋한 분은 해외이민을 준비하며 아이엘츠 점수가 필요해서 필리핀을 오게 된 케이스였다. 6년 전 필리핀어학원에서 만났던 그들의 모습이 보였다. 시대는 바뀌었지만 필리핀을 온 목적은 대동소이했다.

그리고 그들은 조바심을 내고 있었다. 지금 시기가 아니면 바기오에 올 수 없었고, 지금 나이에 자신의 목표를 이루지 못한다면 자신은 어디에도 갈 곳이 없다는 자기 학대 수준의 목표가 있었다. 나는 그들에게 내가 바기오로 온 목적을 말했다.

"나는 바기오를 경험하기 위해서 왔습니다."

그 말을 들은 학생들 얼굴 속에는 부러운 시선과 시기의 시선 등 여러 가지 복잡 미묘한 것들이 보였다. 그도 그럴 것이 주어진 시간에 따른 결과물이 필요하다고 배운 사회 속 가르침하고는 다른 모습이었기 때문이다. 나는 덧붙여서 말했다.

"저는 아직 결혼도 하지 않았고, 집도 없고, 자동차도 없고, 저축해놓은 돈도 없습니다. 그냥 저는 바기오에 와서 내가 이곳이 나와 맞는 지역인지 알고 싶어서 왔습니다. 저는 아직 40살이 되지 않았고 인생의 후반전이 시작되기 전에 더 많이 경험하고 알고 싶어서요."

그 말에 학생들의 시선은 미묘한 변화가 이뤄졌다. 말 그대로 도전 정신으로 바기오를 왔다기보다는 도피하러 왔다고 바라보는 시선이었다. 그 시선 속에 10년 전 내 모습이 보였다.

한 살을 더 먹어가며 1년 전 오늘이었으면 더 많은 것을 했을 것이라며 오늘을 살기보다는 돌아가지 못하는 과거를 그리워하는 나의 모습이 보였다. 그들의 시선 속 나는 자기 개발에 실패한 사람으로 보일 것이다. 그리고 자신보다 한 살 어린 친구들을 보며 내가 네 나이였으면 여러 가지 도전을 했을 것이라며 훈계를 할 것이다. 나는 그들에게 말한다.

" 저는 여러분들보다
10살이 많습니다. "

○ 무엇 때문에 그들은 바기오로 왔을까?

'지금 잠을 자면 꿈을 꾸지만 지금 공부하면 꿈을 이룬다.'
'내가 헛되이 보낸 오늘은 어제 죽은 이가 갈망하던 내일이다.'
'공부는 시간이 부족한 것이 아니라 노력이 부족한 것이다.'
'오늘 걷지 않으면, 내일 뛰어야 된다.'

미래를 준비하라는 명언이 어느새 자신을 억죄는 도구가
되어버린 모습. 학생들은 알란 파커 감독의 영화 '핑크 플로이드의
벽'의 나오는 인물들처럼 획일화 된 교육으로 개성이 말살되었고
개인의 자유를 통제받게 된다. 그리고 누군가 만들어낸 명언에 갇
혀 번호표를 부여받은 경마장의 경주마 같이 하루하루 눈치를 보
며 숨 가쁘게 살게 되었다. 그런 경주마의 삶을 살던 사람들에게는
자유의지보다는 누군가가 틀에 짠 듯 맞춰주는 인생의 플랜이 필
요했다. 그리고 사회는 그들에게 영어점수가 필요하다고 말한다.
언제나 그렇듯 학생들은 그런 사회의 요구에 대꾸할 여력 없이 자
신의 상황에 맞게 영어점수를 얻기 위해 자신의 경제 상황에 맞는
주판알을 두드린다. 여력이 있는 사람은 선진국으로 유학을 가고,

여력이 없는 사람은 대출을 받거나 혹은 몇 개월 아르바이트를 하며 이곳 바기오로 오게 되었다.

바기오가 어떤 도시인 것은 상관없다. 오직 자유의지 없이도 스파르타로 영어점수를 만들어 준다는 이야기에 그들은 그렇게 바기오로 모였다. 그들은 단지 사회가 요구하는 영어점수가 필요했고, 유흥에 취약한 다른 도시에 비해서 조용하고 날씨가 좋다는 이야기에 온 사람들이었다. 그렇게 그들의 목적은 단 한 가지로 영어 정복을 위해 온 것이다.

바기오에 대한 편견!
그리고 그에 관한 진실

　　누가 말해 준 것도 없다. 하지만 필리핀은 위험한 곳이라는 편견은 마치 백과사전에 나오는 정의처럼 모든 이들에게 박힌 고정관념이다. 바기오는 위험한 곳이 아니라는 이야기는 바기오를 경험한 이들의 입을 타고 퍼져나갔지만 필리핀에서 최근 벌어지는 한인 관련 사건사고들은 안전하다는 바기오의 이미지를 희석시키기에 충분했다.

사실 바기오는 단점이 사라진 형태의 필리핀이라는 평을 많이 듣는 도시다. 바기오를 처음 접한 사람들의 첫 번째 반응은 이곳이 정말 필리핀이 맞나 하는 반응이다. 그 정도로 바기오는 필리핀의 나머지 도시와는 다르다. 질식할 정도의 더운 날씨를 보이는 필리핀의 도시들과 다르게 우리나라 사람이 가장 사랑하는 가을 날씨를 품고 있는 도시다. 숨이 턱 막힐 듯 더운 날씨로 인해 해양 스포츠 외에는 실내 활동밖에 할 것이 없는 필리핀의 다른 도시와 달리 바기오는 사계절이 뚜렷한 곳에서나 있을 법한 야외 스포츠가 가능한 지역이다.

하지만 안타깝게도 바기오는 단순히 스파르타 교육의 효시가 된 지역으로만 기억되어 여행지보다는 의지 약한 학생들의 연수지역으로만 알려져 있다. 그리고 다른 지역을 선호하는 영리단체가 만든 글들로 인해 바기오의 현실과는 다른 정보가 퍼지고 있다. 그리고 그것은 바기오에 대한 편견으로 자리매김 되고 있다.

지금 현재 인터넷에 알려진 바기오에 대한 잘못된 정보는 다음과 같다.

Q. 바기오는 마닐라에서 반나절 가야 되는 지역이다?

A. 바기오에 가는 것을 주저하게 만드는 가장 잘못된 정보 중 하나다. 다른 지역에 비해 육로로 이동해야 한다는 단점은 있지만 10시간 이상 가야 된다는 것은 마닐라와 바기오로 이어지는 고속도로가 개통되지 않았을 때의 정보다. 실제로 바기오는 마닐라에서 북서쪽으로 약 250km떨어진 지역에 불과하다. 도로포장이 되지 않았던 시기에는 실제로 오랜 시간이 걸렸던 것이 사실이다. 하지만 지금은 고속도로가 개통되었고 마닐라공항에서 바기오로 직통하는 고가도로 공사가 한창이다. 완공이 된다면 약 3시간 정도면 바기오로 이동이 가능하다. 물론 직통으로 가는 고속버스가 아닌 일반버스를 타고 바기오를 가는 경우는 중간 중간 정차하는 일반도로를 이용하기 때문에 약 8시간 이상 걸린다. 그래서 바기오를 갈 경우에는 일반버스가 아닌 고속버스를 타고 가라고 조언한다.

Q. 바기오는 물가가 비싸다?

A. 바기오는 해발고도 1,392m의 고원 지대에 위치한 도시다. 그런 지리적 위치 때문에 다른 지역에 비해서 물가가 비싸다고 생각하는 사람들이 많이 있다. 하지만 바기오에서 생산되는 농산물은 필리핀 농산물의 절반 이상을 차지할 정도로 많다. 그러다 보니 전체적인 식자재 물가가 저렴하고 레스토랑 물가가 저렴하다. 더군다나 바기오는 날씨가 선선해 강풍이 불면 날아가 버릴 것 같은 위태로운 건물의 레스토랑이 없다.

외국인이 가는 고급 레스토랑과 필리핀인이 가는 레스토랑이 확연히 구분되는 다른 지역과는 차이가 있다. 그러다 보니 전체적으로 생활비가 저렴하게 느껴진다.

Q. 바기오는 하루 종일 습하고 비밖에는 내리지 않는다?

A. 필자 역시 바기오에 대한 편견 중 가장 오래도록 가지고 있던 잘못된 정보 중 하나다. 실제로 이 정보는 우기 시즌인 6월부터 9월경에 바기오를 방문한 사람이라면 가지고 있는 날씨에 대한 편견이다. 실제로 우기 시즌에 태풍이 함께 오는 경우에는 며칠 동안 해를 못 볼 정도로 비가 쏟아지는 것이 사실이다.

실제로 1911년 7월 루손 섬에 상륙한 열대성 저기압이 바기오 시에 일일 강우량으로 세계 최대인 1,168mm를 내려 큰 피해를 준

역사적 사실도 있다. 그 때문에 바기오는 전체적으로 비가 많이 내리는 지역으로 불린다. 하지만 우기 시즌이라고 하더라도 태풍이 오지 않는 경우에는 하루 기준으로 3시간에서 4시간 정도 동남아시아에서 흔히 보이는 스콜처럼 비가 한차례 쏟아지고 난 뒤 해를 드러내는 것이 바기오의 우기 시즌이다. 우기 시즌에는 제습기나 제습제를 사용해서 내부의 습기를 제거해 주는 것이 좋다.

이런 우기 시즌의 모습 때문에 사람들 사이에서 바기오가 살기 힘든 지역으로 인식하는 경우가 많다. 하지만 바기오는 필리핀 내 인구밀도가 가장 높은 지역일 정도로 필리핀인들이 가장 이상적으로 생각하는 도시다. 어느 나라의 어떤 도시든 장단점은 공존한다. 단점만 보고 바기오를 판단하기에는 장점이 많은 도시다.

Q 바기오는 할 것 없어 공부만 하는 지역이다?

A. 바기오는 할 것이 없어서 공부만 하는 지역이다. 아마 가장 많은 사람들이 이 이야기를 들었을 것이다. 사실 이 부분은 와전된 것이 많다. 보통 바기오에 가는 사람들의 대부분은 단기로 어학연수를 오는 학생들이다. 그리고 그 학생들이 바기오를 가는 이유는 스파르타 교육 때문이다. 강력한 스파르타 교육을 원하는 학생들의 요구로 인해 바기오에 있는 어학원들도 몇몇 어학원을 제외하고 강력한 스파르타 정책을 쓰기 시작했다. 새벽부터 밤까지 고3

생활로 돌아간 것 아닌가 착각이 들 정도로 빡빡한 학교생활은 바기오가 공부밖에 할 것이 없다는 편견을 만든 것에 큰 일조를 했다. 더군다나 밤이 되면 술집의 네온샤인 불빛이 춤을 추는 다른 도시와는 다르게 어학원들이 위치한 바기오는 오후 9시가 되면 상점들이 문을 닫고 심지어 필리핀 대표 운송수단인 지프니조차 끊길 정도로 도로가 한적해지는 경우가 많다. 그러다 보니 다른 도시에 비해서 심심한 도시라는 편견이 만들어진 것이다.

Q. 바기오는 지진 및 태풍 같은 자연재해에 취약한 지역이다?

A. 1990년 7월 16일 오후 4시 20분경 7.7 강진으로 1,621명이 사망하고 호텔, 대학교 등이 무너지는 사건이 바기오에서 일어났다. 타클로반 태풍 사건 이전 최악의 사건으로 기억될 정도로 끔찍한 자연재앙이었다. 그리고 2009년 10월 8일 태풍 '페펭(Pepeng)'으로 인해 벵겟(Benguet) 지방의 푸귀스(Puguis), 라 트리니다드(La Trinidad)와 그리고 바기오시에서 많은 사상자가 나왔다. 이런 사건을 두고 많은 이들은 바기오가 자연재해에 취약한 지역이라고 말을 한다. 하지만 우후지실(雨後地實). 즉, 비 온 뒤에 땅이 굳는다는 말이 있듯이 그 사건으로 인해 바기오는 신축건물에 대한 내진설계 의무화를 법으로 제정해 놓은 상황이다. 그러다 보니 바기오에서는 필리핀의 다른 도시에서 흔히 볼 수 있는 강한 바람이 불

면 날아갈 듯한 위태로운 집들은 보이지 않는다. 그와 함께 태풍에 의한 폭풍우를 대비해 상수도 시설도 다른 지역에 비해서 잘 정비되어 있다.

현재 전 세계에 이상기온으로 인한 자연재해가 속출하는 와중에도 바기오에서는 별 다른 피해 보고가 없다. 그 이유는 언제 어디에서든 일어날 수 있는 자연재해에 그동안 많이 노출된 바기오가 그동안의 경험을 토대로 재난대비 컨트롤 타워를 잘 정비했기 때문이다.

○ 체험담

필리핀의 편견을 깨주었던 도시
-최인실

　　필리핀이라면 많은 이들이 1년 내내 더운 열대성 기후와 아름다운 해변만을 생각한다. 하지만 바기오는 다르다. 바기오는 필리핀의 또 다른 나라라는 평을 들을 정도로 기존의 편견을 깨는 도시다.

현재 필리핀을 방문하는 한국인이 매해 100만 명을 돌파했지만 거의 대부분 세부, 보라카이 정도로 편중되어 있다. 나 역시 세부 여행을 했었고, 세부에서 느꼈던 감정이 필리핀에 관한 편견을 만들었다. 인터넷 커뮤니티 자체도 대부분이 세부정보에 편중되어 세부에 느꼈던 감정이 편견으로 자리매김하는 데 일조했다.

그렇게 시간이 흐르고 더 늦기 전에 영어 공부를 위해 나는 상대적으로 저렴한 필리핀으로 어학연수를 오게 되었다. 그런데 이번에는 세부가 아닌 바기오였다. 워낙 음주가무를 좋아하는 나에게 세부는 공부보다는 유흥에 빠질 것이라는 주변인의 우려에 나는 바기오로 오게 된 것이다. 처음 바기오에 도착하고 나서 나는 나도 모르게 탄성을 질렀다.

도시 전체가 구름 속에 둥둥 떠다니는 모습을 하고 있었기 때문이다. 그리고 1년 내내 가만히 있어도 땀이 줄줄 흐를 것 같았던 필리핀 날씨의 편견은 바기오의 첫 날부터 깨졌다. 짧은 옷을 입기에는 날씨가 꽤나 쌀쌀했던 것이다.

그리고 또 하나의 편견. 필리핀은 위험하다는 편견 역시 얼마 안 있어 깨졌다. 요즘 필리핀에 대한 편견 중 가장 많은 것을 차지하는 것이 치안이 불안하다는 것이다. 실제 나 역시 세부여행을 갔을 때 리조트 밖으로 나가면 왠지 봉변을 당할 것 같은 으스스한 느낌을 받았었다. 그러다 보니 세부 리조트 근방 관광객들이 가는 루트대로 필리핀을 경험했던 것이 사실이다. 하지만 이곳 바기오는 현지인들이 필리핀 특유의 친절함과 함께 전체적으로 다른 지역에 비해 중산층 정도 수준의 재력을 갖춰서 그런지 몰라도 외국인 자체를 봉으로 생각하는 모습이 없었다. 실제 필리핀에서 택시를 타면 눈 뜨고 코 베인다는 이야기가 있다. 하지만 바기오는 전 세계적으로 유류 값이 내린 현재 택시비를 정상요금보다 5페소 정도 덜 받는다. 필리핀의 다른 도시는 거스름돈 받는 것은 포기하고 되도록 동전 위주로 줄 것을 권유하지만 바기오는 그런 걱정 없이 정상 요금보다 덜 받는 것이 바기오 택시다. 이런 모습을 보면 알다시피 바기오는 기존의 필리핀이 가지고 있는 편견인 외국인 특히 한국인을 봉으로 여기고 한국인에게 사기 치는 모습이 거의 없다. 이와 함께 바기오에는 선진국에서나 볼 법한 모습들을 자주 볼 수 있다. 주말이 되면 바기오의 심장이라 불리는 번햄파크에는 피크닉 박스에 음식 가득히 싸들고 나와 담소를 나누는 연인들, 반려견을 대동한 사람들, 거리공연을 하는 사람들, 야구, 축구를 즐기는 사람들, 가족나들이 나온 사람들을 많이 볼 수 있다. 실상 우리가 선진국을 가면 볼 수 있는 평화로운 일상의 모습을 하고 있는 것이 바기오다.

필리핀의 다른 도시 같은 경우는 그늘진 곳을 찾아 한숨 늘어지게 자는 인부들의 모습과 걸인들을 많이 볼 수 있지만 바기오에는 그런 모습을 거의 볼 수 없었다. 말 그대로 우리가 그렇게 선진국을 가면 동경하는 그 모습을 필리핀 바기오에서 볼 수 있는 것이다. 그래서 나는 필리핀 바기오를 정의할 때 선진국 삶을 품은 필리핀의 또 다른 도시라는 평을 한다. 그 정도로 바기오는 필리핀이 가지고 있는 단점이 사라진 도시다.

항시 필리핀은 가난한 나라이고 배울 것이 없고 위험한 나라라는 편견으로만 사로잡혀 바라본 것은 아닌지 나 자신을 반성하게 되었다. 편견 없이 바라보는 사회가 되어야 된다며 역설하던 내가 나도 모르게 편견의 폭력을 필리핀에게 행사한 것이다.

내 안의 필리핀의 편견을 깨주는 바기오. 인생의 한 번 쯤은 꼭 가봐야 되는 도시로 추천한다.

바기오 어학연수는 어떤 것을 살피고 와야 되나?

보통 한국에서 바기오를 오는 절대 다수는 단기 어학연수를 위해서다. 그런데 대부분의 학생들은 본인의 학교를 제대로 모르고 단지 유학원이 말하는 대로 오는 경우가 대다수다. 사실 다른 나라 어학연수와 다르게 필리핀 어학연수는 여러 가지 점검해야 될 사항들이 많이 있다. 다른 나라 어학연수는 학교의 커리큘럼을 위주로 체크해야 되지만 필리핀어학연수는 커리큘럼뿐만 아니라 학생들에게 제공되는 생활서비스 전반을 세밀하게 점검해야 된다. 주말을 제외한 모든 시간을 학교와 기숙사에서 보내야 되기 때문이다.

그럼에도. 불구하고 현재 바기오로 어학연수를 오는 학생들은 본인에게 맞는 바기오 어학원을 온다기보다는 무작위로 군대 자대 배치되듯 본인의 성향을 전혀 고려하지 않은 채 유학원의 추천 하에 오는 경우가 대부분이다. 바기오 어학원을 나름 조사했다고 하더라도 거의 대부분 인터넷에서 최저가로 오는 것만을 중점체크하는 경우가 대부분이다. 그러다보니 맞춤형 어학원을 오기보다는 선물상자를 만들어놓고 제품을 그곳에 맞추는 식으로 바기오 어학연수를 오는 경우가 대부분이다. 첫 단추를 잘못 꿴 상태에서 바기오 어학연수가 시작되는 것이다.

어느 곳이 좋은 어학원이다 혹은 나쁜 어학원이다 정의내릴 수 없다. 하지만 최소한 어학원 선정에 있어서 중요하게 체크해야 될 사항들이 있다.

어학원 선정 시 중요하게 봐야 될 10가지 사항은 다음과 같다.

Q. 필리핀 선생님들은 검증된 선생님들인가?

A. 필리핀 어학연수의 가장 큰 장점은 맨투맨 수업, 즉 1:1수업이 있다는 점이다. 하지만 많은 학생들이 1:1수업이 많다는 것에 현혹되어 검증되지 않은 선생님을 고용하는 어학원으로 가는 경우가 있어 많은 피해를 보고 있다. 어학원 선정에 있어 중요한 점은 오래된 선생님을 많이 보유하고 있는가의 여부다. 오래된 선생님들이 많은 학교는 그만큼 선생님이 흡족해 할 만큼의 임금을 보장해 주는 곳이며, 그들에게 권위를 심어주기 때문에 선생님 스스로가 학교에 대한 애정이 있다고 볼 수 있다. 또한 경력 있는 선생님들은 학교 내 분위기를 주도하고 새로운 선생님들에게 티칭 스킬을 전수한다. 그렇기 때문에 수업의 질이 좋을 수밖에 없다. 대부

분 필리핀 어학원에 대한 학생들의 불만은 검증되지 않은 필리핀 선생님 때문이다. 책임감이 없을 뿐만 아니라 영어를 가르치는 능력 또한 떨어져 이런 학교들은 보여주기 식으로 1:1수업량만 많이 제공하는 것을 장점을 내세워 홍보한다.

그런 점에서 필리핀 어학원을 선정하는데 있어 가장 신경 써서 체크해야 될 사항은 검증된 선생님을 얼마나 많이 보유하고 있는가 여부다.

Q 공 튀기는 법이 아닌 드리블을 가르치는 어학원을 찾아라!

A 초등학생이 논문을 읽을 줄 안다고 해서 논문 내용을 이해할 수 있는가? 아니다. 단순히 읽을 뿐이지 그 안에 들어있는 논조를 이해할 수는 없다. 현재 많은 학생들이 학습량에만 초점을 맞춰 어학원을 선정한다. 실제 좋은 어학원은 수업량보다는 학생 수준에 맞는 맞춤형 커리큘럼을 제공한다.

공을 튀기는 연습을 많이 한다고 농구를 잘 할 수 있는 것이 아니다. 점진적으로 자유투, 드리블, 레이업 슛 등을 연습하고 그에 따라 농구 규칙을 습득하고 난 뒤에서야 농구를 즐길 수 있다. 현재 많은 학생들이 제대로 된 커리큘럼을 갖추지 못한 어학원에서 영어로 말하는 것만 배우고 있다. 영어는 단순지식의 습득이 아니라 농구기술을 연마하듯 반복을 통한 스킬을 얻는 것이 중요하며 점진적으로 한 단계 한 단계 올라설 수 있는 커리큘럼을 공부하는 것이 중요하다. 수업량만 강조하는 어학원이 아닌 커리큘럼의 중요성을 내세우는 어학원을 찾는 것이 좋다.

Q. 영웅이 아닌 일반인을 공부시키는 어학원을 찾아라!

A. 아버지가 돌아가시고 가난한 생활 속 막노동에 가스배달까지 하며 우리나라 최고의 대학인 서울대 법대에 그것도 수석으로 합격한 장승수. 그가 저술한《공부가 제일 쉬웠어요》라는 책이 시중에 나왔을 때 대한민국에는 장승수 열풍이 불었다.

이와 같은 열풍은 장승수만이 아니다. 골프의 박세리, 메이저리거 박찬호, 프리미어리거 박지성 등등의 열풍이 불며 그와 관련된 상품매출이 폭등했다. 이와 같은 소비풍조가 현재 필리핀 연수 시장에도 일어나고 있다. 백 명의 한 명 혹은 열 명의 한 명 꼴만이 받을 수 있는 언어점수를 획득하고 온 유학생들을 자신들이 운영하는 홈페이지 및 커뮤니티 공간에 노출시키며 당신도 이런 사람이 될 수 있다고 홍보에 이용하는 방식이다. 그들의 노력의 과정은 보이지 않는다. 오로지 그들의 영어점수만 있을 뿐이다. 그들의 영어점수는 어학원 내 가장 큰 무기며 고객들의 불평을 막을 수 있는 근거자료로 쓰인다.

공부가 뭐가 쉽냐고! 그리고 막노동하며 명문대 들어가는 경우가 얼마나 많냐고 불평하는 사람들에게 말한다.

"당신이 못한 것 아닌가요? 그 당시 우리가 보여줬던 그 친구는 해 냈잖아요. 당신의 노력이 부족한 겁니다."

사탕발림식 영업방식에 속았다고 억울하지만 할 말이 없다. 이미 자신 스스로 정말 노력하며 될 수 있다는 영웅의 케이스를 보고 끄 덕이며 어학원을 선택했기 때문이다.

실제 많은 유학원, 어학원들이 선택하는 홍보방법이다. 필리핀 어 학원의 체계적인 시스템으로 학생이 목표에 도달을 했다기보다는 특출 난 학생 몇몇의 케이스를 부각시킨다. 필리핀 어학원을 선택 할 때 중요한 것은 몇몇 소수의 성공케이스가 아닌 모든 학생들이 만족할 만한 커리큘럼을 갖추고 있느냐가 중요하다.

Q. 생활 속 영어 사용이 가능한 어학원인가?

A. 필리핀 어학연수의 가장 큰 장점은 1:1수업과 함께 한국보다 월등히 많은 수업량이다. 하지만 현재 한국에서도 스파르타식 어 학원들이 생겨나며 집중적으로 영어 공부를 할 수 있는 환경이 조 성되었다. 영어를 가르치는 선생님의 수준이 아무래도 필리핀 선 생님보다 한국의 선생님들이 더 좋은 것은 아무도 부정하지 못한 다. 학원에서 공부하는 순간만큼은 한국에서의 영어교육이 우위 라는 이야기다.

하지만 필리핀 어학연수는 본인이 어떻게 생활하느냐에 따라 24

시간 영어 사용이 가능하다. 한국 같은 경우는 공공장소에서 영어를 사용하는 사람에게 불편한 시선을 보낸다. 실제로 미국에서 대학을 나온 학생도 한국에 오래 있으면 영어 실력이 급감한다고 말한다. 그런 점에서 필리핀 어학원을 선정하는데 있어 중요한 것은 수업 외 시간에도 영어사용이 가능한 환경을 조성했는지 여부가 중요하다. 단순히 수업량으로만 승부하는 어학원은 요즘 추세라면 한국에서의 영어 공부가 더 효율적이다.

Q. EOP 정책이 잘 시행되고 있는 어학원인가?

A. 필리핀 어학원을 선정하는데 있어 중요한 것 중의 하나는 EOP (English Of Police) 정책이다. 다른 나라 유학과는 다르게 한국인 비율이 상대적으로 높아 EOP 정책이 제대로 시행되지 않을 경우 한국에서 영어 학원을 다니는 것과 별반 차이가 없다. 실제로 검증되지 않은 필리핀 어학원 같은 경우는 수업량만 많이 제공하는 것에 초점을 맞춘 채 면학 분위기 조성을 위한 EOP 제도를 적용시키지 못해 학생들의 영어 공부의 효율성을 떨어트리고 있다. 필리핀 어학연수는 외국생활을 하며 영어 공부를 하는 것이지 한국과 똑같은 생활을 하며 영어수업만 많이 받는다면 굳이 필리핀을 올 이유가 없다.

원어민 어학연수에 비해 저렴하다고는 하지만 필리핀 유학비용도

녹녹치 않은데 한국에서 영어 학원을 다니는 것과 비슷하다면 굳
이 필리핀까지 가서 영어 학원을 다니러 갈 필요는 없다. 그런 의
미에서 면학 분위기 조성을 위한 EOP 정책이 잘 시행되고 있는 어
학원을 선택하는 것이 좋다.

Q. 비상상황에 대처할 수 있는 어학원인가?

A. 2013년 필리핀 S어학원에서 한 학생이 단순 포진성 뇌염으로
사망한 사건이 발생했다. 단순 포진성 뇌염은 암 치료를 받거나 면
역억제제를 투약 받는 사람이 아닌 이상 치료하지 않더라도 대부
분 저절로 좋아지는 병이다. 하지만 치료가 늦어지면 일부에서 합
병증이 발생하거나 후유증이 남을 수 있고 또한 얼굴에 발생하면
침범 부위에 따라 안면 마비가 생기거나 각막염으로 실명할 수도
있기 때문에 통증을 동반한 물집이 보인다면 빨리 피부과나 내과
를 방문해 진료를 받는 것이 중요하다.

이 당시 학생은 필리핀에 온지 보름밖에 안 된 상황에서 단순 포
진성 증세가 발생했고, 고열과 구토로 정상적인 수업을 할 수 없는
상태였다. 며칠째 약을 먹어도 차도가 없자 병원 응급실을 찾아 입
원했다. 학생의 증상은 더욱 악화돼 의식을 잃었고, 병원에 간 지
약 40여일 만에 숨을 거뒀다. 실제 이 사건은 인재에 가까운 사건
이다. 만약 학생의 상태를 조금이라도 빨리 알고 대처했다면 목숨

까지 앗아가는 사건으로 이어지지는 않았을 것이다. 사고가 난 필리핀 어학원 내에 간호사와 의무실이 있었다면 이런 사고는 발생되지 않았을 것이다.

Q. 치안이 안정되어 있는 어학원인가?

A. 2015년 1월 필리핀의 한 지역 학교 기숙사 근방에서 총기사건이 일어났다. 이 사건을 두고 많은 학생들이 필리핀은 위험한 지역이라고 낙인찍으며 가기를 주저한다. 물론 필리핀이 우리나라보다 안전하지는 않다. 아무래도 한국인에게는 낯선 나라이기 때문이다. 하지만 필리핀도 사람이 사는 곳인 만큼 위험한 사건들이 언제나 발생하는 곳이 아니다. 더군다나 한국인이 거주하고 공부하는 대부분의 지역은 치안이 안정되어 있다. 사실 필리핀이 후진국이기 때문에 사건사고가 일어나면 위험한 나라라는 오명을 받는다. 명문 어학원 같은 경우는 다른 것보다 학생들의 안전문제에 민감하다. 치안 문제가 생기는 순간 공든 탑 무너지듯 학교의 존립이 위험할 정도의 위기가 도래될 것이라는 것을 그 누구보다도 잘 알고 있기 때문이다. 그래서 기본적으로 명문 어학원들은 고성능 CCTV와 전문경비 여러 명을 두고 치안을 그 어떤 문제보다 중요하게 생각한다.

지역적으로 안전하다는 점만 내세우며 자체 보안시스템을 갖추지 못한 어학원들이 많이 있다. 어학원 자체 치안 시스템이 잘 되어 있는지 여부를 확인하는 것도 어학원 선정에 있어 중요하게 체크해봐야 될 사항이다.

Q. 제대로 된 식사와 안락한 기숙사 시설을 확보한 어학원인가?

A. 필리핀 어학연수는 다른 나라 어학연수와 다르게 여러 가지 체크해야 될 사항들이 있다. 필리핀 어학원은 90% 이상이 기숙사 일체형 어학원이기 때문이다. 필리핀 연수기간 동안 주말에 여행을 가지 않은 한은 모든 시간을 학원 내에서 생활해야 되는 특성 때문에 생활 전반에 편의시설을 갖추고 있는 곳을 선택해야 된다. 몇몇 어학원들은 필리핀이니깐 어쩔 수 없다는 이유로 학생들을 위한 편의시설을 확충하지 않는 경우가 많다.

실제로 정전이 일어나서 촛불을 켜놓고 공부를 하거나 인터넷이 연결이 안 되어서 인터넷 자체를 못하는 현실을 가진 어학원들이 존재한다. 이 모든 것이 필리핀이니깐 어쩔 수 없다는 핑계로 시설 확충을 하지 않는 어학원은 피하는 것이 좋다. 또한 방과 후 개인적인 학습을 할 수 있는 공간이 마련되어 있는 곳을 선택해야 된다. 짧게는 한 달에서 길게는 6개월의 기간 동안 얼마나 영양가 있는 음식을 제공하는지 편안하고 안락한 기숙사 시설을 구비했는지도 꼭 확인해야 된다. 필리핀 어학원 선정은 군대가 아니다. 학생들 스스로 본인의 집을 알아본다고 생각하고 어떤 음식이 나오는지 기숙사 시설이 얼마나 편안하고 안락한 시설을 확보했는지를 체크하고 선택하는 것이 필리핀 어학연수에서 가장 중요한 부분 중의 하나다.

Q. 방과 후 엑티비티 활동시설이 갖춰져 있는 어학원인가?

A. 필리핀 어학원을 선정하는데 있어서 많은 학생들이 간과하고 넘어가는 것이 학습시설 외 엑티비티 활동시설이다. 관광으로 필리핀 간 것이 아닌데 굳이 엑티비티 시설이 뭐가 필요하냐고 반문하는 학생들이 있다. 하지만 일일 학습량이 상대적으로 많은 필리핀 연수에서 스트레스를 풀 수 있는 엑티비티 활동시설이 없다면 학생들의 공부 효율성은 떨어질 수밖에 없다. 더군다나 스파르타를 표방한 어학원들 같은 경우는 필수적으로 학교 내 엑티비티 활동을 통해 스트레스를 풀고 체력증진을 할 수 있는 운동시설은 필수다. 공부도 육신이 건강해야 효율성이 배가 된다. 요즘에는 폐쇄적인 군대에서도 장병들을 위한 여러 편의시설과 엑티비티 활동시설을 확충시키고 있다. 학생들을 위한 엑티비티 프로그램과 편의시설을 갖추도록 노력하는 어학원을 선택하는 것이 중요한 포인트다.

Q. 필리핀교육청에 허가된 교육기관인가?

A. 현재 유학시장이 지저분해진 것이 필리핀 유학 때문이라고 이야기하는 전문가들이 많다. 그 이유는 아무런 정보와 지식 없이 학교 관계자가 이야기해 주는 매뉴얼을 가지고 모객만 잘하면 되는 것이 현재 필리핀유학 시장이기 때문이다. 그러다 보니 현재 필리핀 유학시장은 전문가가 아닌 사람들이 온라인 커뮤니티 시장이 조금이라도 활발해지면 공동구매 식으로 유학수속을 진행하는 것이 사실이다.

실제 필리핀 유학수속은 입학신청 그리고 학비 입금이 끝이다. 학생비자를 받을 필요도 없고 오로지 입학신청과 학비 입금만 하면 입학수속 절차가 끝난다. 이것이 일반인들이 알고 있는 필리핀 유학절차다.

하지만 필리핀 유학에서 중요하게 알아야 될 것이 있다. 바로 TESDA와 SSP다. TESDA란 필리핀 기술 교육 및 개발위임기관에 어학연수, 학교입학 등 정식인가 등록이 되었는지 확인할 수 있는 것으로 일반강사가 아닌 정식강사에게 자격증을 부여하고 계속적으로 교육관리 하는 자격을 갖춘 기술교육기관을 말한다. TESDA 발급이 없다는 이야기는 학원시설, 강사의 자격 여부, 구비 서류 등등의 심사에 떨어진 학교라는 것을 반증한다. TESDA 서류가 없다는 것은 또한 SSP가 없다는 것을 의미한다.

SSP란 필리핀에서 영어 공부를 할 수 있는 허가증이다. 정식허가

업체에서 공부를 하지 않는 경우 출국 시 문제가 발생할 수 있다. 2011년 어학연수를 떠난 113명의 어린이들이 경찰서에 억류된 사건이 있었다. SSP가 발급이 되지 않은 불법학교에서 어학연수를 하게 돼 발생된 사건이다. 지금 현재 필리핀 유학은 언제 터질지 모르는 화약고 느낌이라고 전문가들은 입을 모은다. 그 정도로 많은 어학원들이 TESDA와 SSP발급이 안 되어 있는 불법업체다. 최소한 본인이 선택한 어학원이 TESDA에 등록이 되어있고 SSP를 발급받을 수 있는 어학원이라는 것은 꼭 확인해야 된다.

TESDA에 정식 등록된 업체인지의 여부는 다음 http://www.tesda.gov.ph/ 홈페이지를 통해 확인할 수 있다.

바기오 어학 연수 ⬆

○ 체험담

바기오에 첫 어학원을 설립한 이유
-류정호

필리핀을 제 2의 고향으로 여길 정도로 많은 시간을 필리핀에서 보냈다. 그런 와중에 나는 일반인들에게 낯선 도시인 바기오에 어학원을 설립했다. 많은 이들은 나의 결정을 듣고 다 미친 짓이라고 말하며 만류했다. 하지만 나는 교육은 백년지대계라는 생각으로 바기오에 어학원을 설립하는 데 주저하지 않았다.

바기오가 교육도시라는 식의 교과서적인 답변보다 내가 바기오를 선택한 이유는 다른 지역에서 볼 수 없는 바기오의 삶 때문이었다. 보통 우리나라 사람에게 필리핀은 유흥이 발달한 곳이며 가난한 나라인 탓에 외국인 특히 한국인에게 사기 치는 사람들이 많다는 인식이 뿌리 깊게 자리 잡혀 있다. 그리고 위험하다는 인식 역시 강하다.

실제로 나 역시 필리핀에 오랜 기간 거주하며 그 부분에 대해서 강하게 부정을 할 수는 없다. 지인들 역시 필리핀인들에게 실망하여

다시 한국으로 돌아가는 경우가 많았기 때문이다. 하지만 바기오생
활은 나에게 그 동안 내가 왜 필리핀을 사랑했는지를 깨닫게 만들
어주었다. 바기오는 필리핀의 편견을 깨주는 도시라고 정의를 내릴
만큼 한국인이 가지고 있는 필리핀의 단점이 상쇄된 도시이다.

바기오는 외국인 관광객보다 내국인 관광객이 많이 방문하는 지
역이다. 우리나라 사람이 느끼는 제주도와 같이 필리핀의 다른 도
시에서는 볼 수 없는 비경을 많이 볼 수 있어 매년 많은 수의 필리
핀인들이 바기오로 여행을 온다. 그러다 보니 지역 상인들에게 메
인손님은 외국인들이 아닌 필리핀인이다. 그런 상황이다 보니 바
기오는 외국인이 느낄 때 필리핀 내 체감물가가 가장 저렴한 지역
중 한 곳이다. 이 뿐만이 아니다. 바기오는 필리핀 문화를 가장 잘
고수하는 지역으로도 유명하다.

외국인이 많이 찾는 다른 필리핀의 관광도시와는 다르게 바기오
는 토착민들이 많이 거주하고 있고, 전통문화를 수호하려는 모습
과 함께 바기오에 대한 자부심이 강하다. 예전 SM몰에서 주차장
확보를 위해 바기오의 상징이라 불리는 소나무 200그루를 베어버
리자 바기오 시민들이 SM몰 보이콧 운동을 하는 것만 봐도 이들의
시민성은 기존 우리가 알고 있는 필리핀인의 모습과는 사뭇 다르
다는 것을 알 수 있다.

학생들의 교육을 책임지는 교육전문가로 살면서 가장 중점적으로
봤던 것은 단순히 영어교육만이 아니다. 글로벌 시대를 맞이해 중
요하게 봐야 되는 것은 영어만이 아닌 글로벌 경험, 글로벌 인맥이

중요한 시점이다. 다른 필리핀의 도시는 어학연수생 대부분이 울타리가 쳐진 상태에서 필리핀을 접하는 경우가 대부분이다. 그러다 보니 잠시 영어 공부를 위해 들리는 곳으로만 필리핀을 인식할 뿐이다. 하지만 바기오는 단순히 영어 공부만이 아닌 바기오 시민들과 어울릴 수 있는 기회가 많은 도시다.

한 예로 필리핀의 다른 도시에서는 지양하는 것 중의 하나는 지프니이다. 하지만 이곳 바기오에서는 지프니는 필리핀인만의 전유물이 아닌 외국인들도 두루 이용하는 교통수단이다. 실제로 많은 학생들이 어학연수를 위해 필리핀을 찾지만 지프니를 타본 경우는 거의 없다. 하지만 바기오로 어학연수를 온 학생들의 대부분은 지프니를 우리나라 버스 타듯이 타고 다니는 모습을 많이 볼 수 있다. 이와 같이 바기오는 관광객 차원에서의 필리핀을 경험하는 것이 아닌 필리핀인과 더불어 살며 그들의 문화를 알 수 있는 기회를 제공해 준다.

바기오는 단순히 영어 실력이 왕초보인 사람에게 최적화된 영어 교육만 제공하는 지역이 아니라 필리핀의 문화까지 접하게 해 주는 도시다. 바로 그 점이 모든 사람이 만류함에도 불구하고 바기오에 학교를 설립한 이유다.

○ 체험담

영어만이 아닌 나의 삶을 찾게 해 준 바기오 어학연수
－홍인석

두 아이의 아버지, 그리고 세 번째 임신을 하게 된 부인에게 필리핀으로 어학연수를 가겠다고 말을 했을 때 주변인도 그렇고 부인 역시도 미쳤다며 나를 만류하였다. 평소에 영어를 쓰는 일도 아닌지라 필리핀으로 가겠다고 말을 했을 때 어떤 이는 늦바람이 들었다고 생각하는 친구들도 많았다.

하지만 나는 단호했다. 지금 아니면 더 이상의 기회는 없을 것이라 생각했다. 여행 가이드를 졸졸 쫓아가는 아버지의 모습이 아닌 당당히 가족을 대동하며 가장으로서 가이드 없이 영어로 이야기하며 해외여행을 갈 수 있는 그런 아버지가 되고 싶었다. 몇 번의 설득 끝에 나는 부인에게 12주의 어학연수를 허락 받았다. 단 조용히 영어 공부에만 매진할 수 있는 환경의 어학원으로 가는 것이 조건이었다.

그렇게 해서 오게 된 곳은 바기오의 모놀 어학원이었다. 10년 전 어학연수를 갔었던 지인들이 공부하기 좋은 곳이라고 추천해 줘오게 된 것이다. 막상 연수를 결정하고 나서 12주 동안 내가 원하는 영어 실력을 못 얻어오면 어쩌나 고민이 들었다. 고등학교 졸업 후 영어책 한 페이지조차 펴보지 않았던 내가 다시 영어책을 볼 생각을 하니 까마득한 느낌이 든 것이 사실이다. 그렇게 연수일이 되고 마닐라 행 비행기를 탔다. 긴장감에 기내에서 잠을 못 이루고 자정이 조금 넘은 시간에 도착한 마닐라 제 1터미널. 혹여나 국제 미아가 되지 않을까 한국 학생들의 꽁 무늬를 따라다니며 마닐라 1터미널 밖으로 나오게 되었다.

그리고 그 터미널 밖에는 필리핀 선생님이 모놀 어학원 피켓을 들고 서 있었고 그 주위로 10여 명의 학생들이 기다리고 있었다. 모놀 어학원은 다른 어학원하고는 다르게 공항에서부터 영어를 쓸 수 있도록 해 주었다.

그렇게 4시간 정도 고속도로를 통해 바기오의 아름다움을 느끼는 것도 잠시였고 OT와 함께 필리핀 선생님과 함께 시티투어를 가게 되었다. 다른 어학원은 경험을 하지 않아 모르겠지만 모놀 어학원은 수업 중에만 영어를 쓰는 환경이 아닌 공항에 도착하고 졸업할 때까지 영어를 사용할 수 있는 환경을 제공하고 있었다.

실제로 한국인 스텝도 한 명에 불과하고 청소, 세탁, 식사 등등 모든 행정과 사무를 필리핀인 스텝이 보고 있어 영어 사용을 하지 않으면 생활 자체가 되지 않았다. 처음에는 너무 갑갑했다. 하지만 모든 이들도 영어초급생이고, 영어를 못 하더라도 격려를 아끼지 않는 선생님의 지도 속에 나는 옹알이 수준의 영어에서 내가 말하고자 하는 의사를 전달하는 정도의 수준이 되어갔다.

고작 12주 동안 얼마나 영어 실력이 늘겠는가? 반신반의 하는 사람들도 많겠지만 지금 나는 길을 물어오는 외국인에 두려움을 느끼며 뒤로 숨었던 과거와 달리 그들에게 먼저 다가가 도움을 주는 사람이 되어 있다. 모든 이들이 늦었다고 말했고 앞으로 인생에 도움이 안 된다며 돈 낭비라고 만류했다. 하지만 나는 내 인생에서 결혼 다음으로 잘한 선택이라고 할 정도로 바기오 모놀 어학원에서의 연수생활이 만족스럽다.

영어도 영어지만 항상 긍정적 사고를 가지며 행복하다 말을 하는 필리핀인들의 모습, 그 어떤 것보다 가족 간의 돈독함이 최고의 행복이라 여기는 필리핀인을 보며 내 자신을 다시 돌아보게 되었다. 쳇바퀴 돌아가듯 무한반복적인 삶을 살며 희생이라는 이름으로 가족을 부양하던 나에게 가족은 부담이 아닌 내 행복이라는 것을 깨닫게 되었다. 또한 내 자신을 사랑하는 법을 알게 되었다.

어떤 누군가는 늦었다 말하는 나이에 한 도전이었지만 지금 나는 늦었다고 생각하지 않는다. 어느 때고 내 의지에 따라서 열정을 가지고 도전을 할 수 있는 나이라는 것을 알게 되었다. 내 도전을 통해 누구누구의 아빠로 기억되는 삶이 아닌 내 이름 홍인석의 삶을 사는 사람으로 앞으로 살아 갈 것이다. 이런 깨달음을 얻게 되었던 것은 모든 이들이 무모하다고 생각했던 바기오 모놀 어학원 3개월의 일탈이 준 깨달음이다.

"영어만이 아닌 나의 삶을
찾게 해 준 바기오 어학연수"

○ 체험담

현재가 아닌 미래의 비전을 가르쳐 준 바기오 어학연수
-한동민

중고등학교 시절 공부 자체를 해 본 적 없는 나에게 영어는 두려움 그 자체였다. 앞으로 영어는 쓸 일이 없을 것이라 여기던 나에게 영어의 필요성을 느끼게 만들어준 것은 호주워킹홀리데이였다. 회사를 그만두고 한국인의 근성과 열정이라면 호주워킹생활을 성공할 수 있다는 생각으로 무작정 떠났었다. 그 기간 동안 나는 내 자신이 얼마나 바보 같았는지 깨닫게 되었다. 그렇게 나의 한계점을 깨닫고 영어의 필요성을 느끼며 선택하게 된 어학원은 필리핀에서 스파르타 교육법을 최초로 도입한 바기오의 HELP 어학원이었다.

몇몇 지인들은 원어민 국가인 호주에서 영어 공부를 하지 않고 왜 필리핀에 가서 하느냐고 물어봤다. 나에게는 영어의 기초가 필요했고 다른 것보다 시간 관리를 잘 못하는 나에게는 타이트한 영어

학습법이 필요했다.

그렇게 나는 2015년 3월 8일 필리핀 바기오 HELP 어학원 롱롱캠퍼스에 도착하게 되었다. 하루 개인수업 4시간, 그룹수업 1시간, 단어시험, 패턴시험 등 아침 7시부터 시작해서 저녁 8시까지 이어지는 일과시간은 군대를 연상하게끔 만들었다. 스파르타 교육의 원조인 HELP 어학원의 명성을 제대로 확인할 수 있었다.

살아가며 이렇게 많은 영어 공부를 한 적이 없었다. 너무 힘들었다. 초심과 달리 포기하고 싶은 마음이 굴뚝같았다. 하지만 HELP 어학원의 20년 전통은 달리 나온 것이 아니었다. 수없이 많은 슬럼프를 겪는 우리 같은 학생들에게 할 수 있다는 격려와 함께 현재가 아닌 미래를 볼 수 있는 비전을 제시해 주었다. 이에 따라 나는 처음 레벨테스트로 들어왔던 레벨 2에서 슬럼프를 겪었던 두 번째 시험은 낙제점수를 받았지만 세 번째 시험에는 랭킹 5위에 등극할 정도로 영어 실력이 향상이 되었다.

나는 또 다른 도전인 IELTS 공부를 하게 되었다. HELP 어학원은 바기오에 일반영어 과정에 롱롱캠퍼스와 IELTS반, TOEIC 등의 고급영어 과정을 공부할 수 있는 마틴캠퍼스로 나뉘어져 있다. 나는 롱롱캠퍼스반을 졸업하고 중급자 이상이 모인다는 마틴캠퍼스로 가게 되었다.

마틴캠퍼스도 롱롱캠퍼스와 별반 다를 바는 없다. 개인수업 4시간, 그룹수업 1시간, 단어시험. 하지만 롱롱캠퍼스와는 다른 점이라면 TOEIC, TOEIC Speaking, IELTS 수업을 가르치는 만큼 선생님의 수준이 높다는 점이다. 일반영어 과정을 공부할 때와는 다르게 체계적으로 영어를 배운다는 생각이 들었다.

물론 슬럼프가 찾아왔다. 여행, 술자리 등등 그 동안 자기개발을 하는데 가장 걸림돌이 되었던 것들과의 싸움이었고 그 싸움에서 서서히 지고 있는 내 자신을 발견하게 된 것이다. 하지만 나는 이겨낼 수 있었다. 현재가 아닌 미래를 보는 눈을 가르쳐준 필리핀 선생님들과 스텝들의 격려 속에 나는 한 단계 성장의 기쁨을 알게 된 것이다.

많은 이들은 바기오 어학연수를 접할 때 스파르타(Sparta)라는 단어를 떠올린다. 군대를 연상시킬 정도로 빡빡한 시간 관리와 공부시간 때문이다. 그러나 나에게 바기오 어학연수는 스파르타라는 단어가 아닌 아직 미생의 학생들을 완성형으로 만들어주는 Progress(과정)라는 단어가 떠오른다. 바기오에 오지 않았다면 그리고 HELP 어학원에 오지 않았다면 나의 잠재성을 알지 못한 채 미생의 삶을 살았을 것이다.

하지만 나는 현재 진행형으로 나를 한 단계씩 업그레이드하고 있다. 할 수 없는 것이 아니고 하지 않았기 때문에 도달하지 못했다는 것을 깨닫게 해 준 HELP 어학원 선생님들과 스텝들에게 감사의 인사를 전한다.

○ 체험담

도전(Challenger)의 두려움을 없애준 소중한 경험
―육인수

　　수영강사였던 대학시절. 대한민국 사회에서 영어 실력이 안 되면 좋은 직장 못 잡는다는 조언이 나에게는 해당사항이 아니라고 단언했다. 하지만 우리나라가 다문화 사회로 변함에 따라 내가 재직하던 수영장에도 외국인 손님들이 자주 방문하게 되었다. 그리고 그렇게 당당했던 나는 외국인들이 다가오자 순간 얼음이 되었다. 한 번은 외국인이 나에게 말을 물으면 어쩌나 하고 그들의 시선을 피해버리기까지 했다. 그렇게 며칠이 지나고 나는 스스로에게 물어봤다. 평생 외국인이 오면 피하며 살 것인가? 아니면 영어를 공부할 것인가? 그렇게 나는 체대생의 열정을 가지고 새벽 영어회화학원을 등록했다.

그러나 얼마 지나지 않아 한계에 봉착했다. 아무래도 영어 공부시간이 끝나고 난 뒤 한국어를 말할 수밖에 없어 영어 실력이 제자리걸음이었던 것이다. 그런 현실을 맞닥뜨리고 난 후 나는 더 이상

늦으면 안 되겠다는 생각으로 필리핀으로 어학연수를 떠나게 되었다. 필리핀의 교육도시라 불리는 바기오. 그리고 1:1수업이 6시간이나 제공되는 커리큘럼을 가진 JIC 어학원을 선택하게 되었다. 학원 내 모든 건물은 English Zone으로 지정되어 한국어를 사용하는 것이 금지되어 있었기에 적응이 쉽지 않았다. 하지만 몇몇 학생들이 한국어를 사용하다 적발되어 페널티를 지불하는 것을 보고 굳게 마음을 다잡았다. 하지만 그런 생활도 잠시였고 한국인이 모인 자리에서는 눈치를 보며 한국어를 사용하는 나 자신을 발견하게 되었다. 부끄러웠다. 필리핀에 와서 한국과 별반 다를 것이 없었다. 결국 나는 고민 끝에 JIC만의 독특한 프로그램 Challenger(도전) 프로그램에 도전하기로 했다.

영어말하기의 핵심은 반복이라는 선생님들의 조언과 한국에서와 같이 영어수업이 끝나면 고스란히 한국어를 쓰는 지금의 생활패턴을 바꾸고 싶다는 생각으로 챌린저 프로그램에 참가하게 된 것이다. 챌린저 제도는 English Zone으로 지정된 곳뿐만 아니라 식당, 기숙사 심지어 야외활동 간에도 영어를 사용해야 되는 제도다. JIC 어학원 게시판에는 나의 이름이 게시되었고 챌린저 목걸이를 착용하였기 때문에 내가 도전자임을 JIC 어학원 전교생이 알 수 있었다. 처음부터 난관에 봉착했다. 필리핀 선생님들과 어느 정도 대화가 가능해졌다고 느끼며 멋지게 시작했던 챌린저 제도였지만 영어만 써야 되는 챌린저가 되는 순간부터 나는 벙어리가 되고 말았다. 건물 밖에서 친구들이 한국말로 자유롭게 이야기할 때도 나는 영어로 대답해야 했었고, 그러다 보니 자연스레 대답도 늦고, 원하는 생각도 잘 설명이 되지 않았다. 후회가 급습했다. 다른 친구들은 수업시간이 끝나고 난 뒤 자유시간이 주어졌다면 나는 열등생 신분이 되어 야간보충수업을 듣는 느낌이 들었다. 많은 고민 끝에 나는 챌린저 포기를 선언하기 위해 담임선생님에게 면담을 신청했다. 하지만 그 때 담임선생님과 이미 챌린저를 성공한 재학생들이 눈 딱 감고 일주일만 참아보라며 나를 만류했다.

결국 나는 내 결정을 철회하고 다시 한 번 챌린저에 도전했다. 그렇게 힘들었던 1주가 지나갔다. 그리고 둘째 주가 시작되자 어느새 나는 필리핀 선생님들과 어색하지 않게 대화를 하고 있었다. 물론 어휘는 많이 부족했지만 챌린저 프로그램을 통해 선생님들과 하루에도 몇 시간씩 대화를 했던 것이 자연스럽게 체득이 된 것 같다. 더 큰 소득은 말하기의 자신감과 함께 영어의 재미가 붙었다는 점이다. 나는 2주 챌린저 프로그램에서 6주간의 프로 챌린저를 또 신청했다. 그리고 나는 8주의 챌린저 프로그램을 무사히 마쳤고 Monthly Test의 Speaking Part에서 당당히 가장 높은 점수를 받았다. 현재 나는 외국인을 보면 몸을 사리던 사람에서 영어를 사용하며 전 세계 사람들을 대상으로 해외마케팅 업무를 맡고 있다. 인생은 고진감래(苦盡甘來)의 연속이라고 말한다. 쓰라린 경험을 다하면 달콤함이 온다는 이야기. 나에게 있어 JIC 어학원 챌린저 제도는 인생의 전환점이 된 경험이었다. 지금 이 순간 나는 또 다른 Challenger를 준비하고 있다. 이것이 바로 바기오 어학연수 JIC 어학원이 나에게 준 소중한 선물이다.

해외이민을 생각한다면
여행이 아닌 생활을 해라

바기오를 알기 위해 나는 어학원을 오게 되었다. 많은 이
들은 이 부분에 대해서 의문이 들 것이다. 왜 어학원으로 갔을까?
그 이유는 단기여행으로 오게 될 경우는 여행코스만 가게 되고 바
기오에 대한 실질적인 지식은 습득할 수 없다. 말 그대로 여행객이
바라본 바기오만 볼 수 있다. 하지만 어학원으로 오게 되면 손쉽게
필리핀인들과 대화를 하며 정보 습득이 가능하다.

실제 필리핀 어학원에서 만나는 선생님들은 빈부격차가 심한 필
리핀에서 중산층 이상이며 지식인이다. 필리핀에 살기 위해서 가
장 중요하게 생각해야 될 것 중의 하나가 필리핀 현지인 친구다.
사업을 하더라도 방을 구하더라도 필리핀인 친구가 있는 것하고
없는 것하고는 천지차이다. 실제 필리핀 내에서 사업을 할 때도 외
국인은 지분을 40%밖에는 못 가진다. 필리핀인이 60% 지분을 가
지고 있어야 사업이 가능하다. 이런 경우를 제외하더라도 필리핀
인 친구는 여행을 갈 때 혹은 이주를 할 때도 큰 도움이 된다.

현재 많은 이들이 이민을 생각하며 필리핀을 온다. 하지만 안타깝
게도 자신이 이민 오겠다고 결심한 나라와 도시에 대한 정보를 수
박 겉핥기로만 알 뿐이다. 자신의 인생에서 중대한 결정인 이민을
낯선 여행에서 느끼는 설렘의 감정으로 결정하는 경우가 많다.
한국으로 여행 온 해외관광객들의 카메라 셔터가 멈추질 않는다.
그와 달리 한국 사람은 그 아름다움을 몰라서 카메라에 담지 않는
걸까? 아니다. 아름다움에 익숙해졌거나 혹은 그것이 우리 생활의
일부가 되어 설렘의 감정이 사라진 거다. 실상 이민에서 중요한 것
은 삶의 디테일이다. 여행으로 느끼는 감탄사의 느낌이 아닌 희로
애락이 함께 모인 삶의 경험이 중요하다. 필리핀 이민을 생각한다
면 여행지를 둘러보는 것이 아닌 필리핀에서 최소 1년 정도는 살
아보고 결정하기를 바란다.

⊙ 비교하며 행복을 찾는가?
불행을 찾는가?

　　영어 정복이 최우선 과제인 다른 학생들과 다른 의도로
바기오로 오게 된 나에게 많은 필리핀 선생님들은 흥미를 가지고
있었다. 영어수업 진도보다는 자신들의 이야기를 들려 달라는 나
의 요구에 처음에는 적잖이 당황해 했지만 조금씩 자신들의 이야
기와 바기오에 관한 이야기를 들려주었다.

그 중에서 많은 필리핀 선생님들이 나에게 의문을 표한 내용이 있
었다.

"그런데 왜 너는 항상 비교를 해?"

"내가 비교를 한다고? 나는 비교를 하는 것이 아닌 행복에 대해서
말한 건데."

"아니야! 내가 볼 때는 너는 비교하면서 행복을 이야기하고 있어.
네가 지금 현재 가지고 있는 것에 대해서 말하기보다는 남들보다
나는 불행하다고 이야기하는 것 같아. 내 의견이 틀릴 수도 있지만
그렇게 보여서."

얼굴을 붉히며 강하게 부정하였다. 하지만 나는 알고 있었다. 내 속내가 들어난 것이 부끄러웠다. 나는 내 스스로는 나는 행복한 사람이라며 주변인들에게 말하고 다녔지만 실상 불행하다고 생각하고 있었다. 남들보다 집안 형편이 좋은 것도 아니고 평균 이하의 키를 가진 나는 항상 열등감 속에 살고 있었다. 필리핀이 좋았던 것은 어쩌면 내 행복의 비교 대상들이 사라졌기 때문이다.

실제로 나는 한국에서 항상 불안감을 가지고 살았다. 경쟁사회에 도태되어 인정을 못 받으면 어떻게 살아야 되지 하는 마음가짐은 다이어리 속에 고스란히 기록되어 있었다.

'프로는 실수하면 자신의 탓을 하지만 아마추어는 실패 원인을 남으로 돌린다.'

'시간은 사라지는 법. 그에 대한 모든 책임은 자신에게 있다.'

일 분 일 초 때문에 내 인생이 불행해질 수 있다며 내 스스로를 옥죄었다. 그런 이야기를 들은 필리핀 선생님은 나에게 말했다.

"나는 너보다 돈도 없고, 키도 작고, 심지어 너처럼 행복을 알고 싶다며 해외로 갈 수 있는 여건조차 없어. 그런데 나는 행복해. 왜냐하면⋯⋯."

필리핀 선생님들도 비교하고 있었다. 그런데 그들은 비교를 하며 자신의 행복을 찾았다. 그들의 이야기를 들으며 내 다이어리에 필기하지 않았던 또 다른 유형의 명언들이 생각났다.

'우리는 내가 가진 것을 생각하지 않고 항상
갖지 못한 것을 생각한다.'

– 쇼펜하우어

'갖지 못한 것을 바라느라고 지금 가지고 있
는 것을 망가트리지 마라! 다만 지금 가지고
있는 것이 한때는 소망하던 것들 중에 있었
음을 기억하라.'

– 에피쿠로스

○ 바기오의 교통편은
다른 도시와 무엇이 다른가?

　　필리핀에서 외국인의 주된 교통편은 택시다. 하지만 필리핀을 접한 사람들에게 택시는 생활비의 많은 비중을 차지할 정도로 바가지요금으로 유명하다. 실제 필리핀에 좋은 이미지를 가졌던 사람이 택시를 타다 안 좋아졌다는 이야기는 택시기사의 악명이 높다는 이야기의 반증이다. 이런 상황 속에서 바기오에는 택시의 대체 교통수단이라 할 수 있는 트라이시클도 없다. 고산지대에 위치한 탓에 오토바이가 여러 사람을 태우고 다닐 수가 없다. 그러다 보니 지프니 노선을 잘 알지 못하는 외국인들은 택시를 탈 수밖에 없다. 설상가상으로 바기오 택시의 경우는 험준한 산악지대를 다녀야 되기에 승용차 택시보다는 SUV차량의 택시가 압도적으로 많다. 그러다 보니 기본요금 및 택시요금이 비쌀 것이라는 착각을 할 수밖에 없다. 하지만 바기오 택시는 친절함과 정직함으로 바기오의 자랑으로 불린다. 다른 지역의 택시기사는 잔돈을 팁으로 인식하여 거슬러주지 않는 반면 바기오 택시기사들은 잔돈뿐만 아니라 기름 값이 전 세계적으로 폭락했을 2015년에는 택시요금에서 5페소에서 10페소까지 덜 받기도 했다.

외국인과 필리핀인이 동일한 요금을 받는 유일한 필리핀 지역으로 바기오의 택시는 기존 필리핀 택시기사의 편견을 깰 정도의 친절함과 정직함으로 바기오의 자랑으로 불린다. 바기오 택시요금은 기본요금 35페소이고 2페소씩 올라간다. 바기오에서 멀리 떨어진 외곽지역이 아닌 이상 100페소 이내로 갈 수 있다.

물론 바기오 택시의 단점이 없는 것은 아니다. 바기오 시민들도 즐겨 타는 교통수단이 되어 출퇴근 시간에는 택시 잡는 것이 힘들다. 외국인들이 주로 이용하는 교통수단인 택시가 바기오에서는 일반인들의 교통수단으로 자리 잡게 된데 기인한 결과다.

이와 함께 필리핀 대표교통수단인 지프니 역시 평지를 다니는 다른 지역의 지프니와 다르게 바기오 지프니는 가파른 언덕길로 몇십 명을 태우고 다녀야 되는지라 고물 지프니는 없다. 그리고 선선한 날씨 탓에 지프니 노선만 제대로 안다면 택시의 대체 교통수단으로 이용이 가능하다. 금액은 5km이내는 기본요금 8.5페소 그리고 1km당 약 1.5페소씩 인상된다. 노약자 및 어린이 요금은 20% 할인된 금액이다.

바기오의 장점으로 가장 많이 이야기하는 것 중의 하나가 교통수단을 이용할 때라고 한다. 항시 외국인과 필리핀인의 금액이 차별화된 다른 지역과 달리 똑같은 요금을 적용 받는 데에서 바기오의 정직함이 보이기 때문이다.

1) 바기오 콜택시 이용법

바기오의 장점은 택시라고 말하지만 주말이나 출퇴근 시간이 되면 택시 잡는 것이 전쟁이다. 이럴 때 생각나는 것은 콜택시다. 바기오에서도 콜택시 이용이 가능하다. 콜택시를 이용하는 방법은 GRAB TAXI 어플리케이션을 설치 후 개인정보 기입란에 이메일 주소, 핸드폰 번호, 현재 위치와 목적지를 입력하면 바로 콜택시 예약이 가능하다. 금액은 미터기 요금에서 25페소를 더 지불하면 된다.

택시 관련 범죄가 늘고 있는 필리핀에서 콜택시는 안전문제도 어느 정도 해소할 수 있게 되어 점차 많은 사람들이 이용하고 있다.

2) 지프니를 알면 필리핀인이 보인다

많은 사람들이 필리핀에 가게 되면 지프니는 위험하니 택시를 타라고 조언한다. 하지만 늦은 밤 인적이 드문 지프니 노선이 아닌 이상 지프니는 안전하다. 지프니는 우리나라 버스와 같은 대중교통 수단이다. 서민들만 타는 것이 아니라 거의 모든 사람들이 타는 대중교통 수단이다. 또한 필자는 지프니가 필리핀인의 오지랖문화를 설명할 수 있는 축소판이라고 말한다.

보통 필리핀인을 평할 때 친절한 사람들이라는 평도 있지만 나쁘게 말할 때는 오지랖이 많다고 말한다. 실제 우리나라 사람이 대부분 낯선 이들에게 경계심을 보이는 것과 달리 필리핀인은 경계심을 드러내기보다는 호의적으로 다가오는 것을 볼 수 있다. 그런 모습에 의심 많은 관광객들은 자신을 봉으로 여기기 때문에 접근한다고 오해한다. 하지만 아니다. 필리핀인은 생활 속에서 낯선 이들과 말을 섞는 것에 거리낌이 없다.

실제 필리핀에서 지프니를 타게 될 경우 낯선 사람들과 접촉을 할 수밖에 없다. 보통 만원 버스나 지하철에서 느끼는 접촉 수준이 아니라 거의 살을 맞대는 구조다. 요금을 운전사한테 전달하는 과정에서 혹은 부 운전사한테 전달하는 과정에서 서로 말을 할 수밖에 없으며 신체적 접촉도 불가피하다.

그리고 지프니 좌석 역시 낯선 이들과의 만남이 자연스럽게 이뤄진다. 지프니 좌석은 서로 마주보며 달리는 구조다. 이밖에도 지프니 좌석에는 필리핀인의 경로사상이 드러난다. 지프니 좌석 중에서 가장 편한 좌석은 뒷좌석 바로 앞이다. 그 좌석은 실제로 노인들이나 임산부가 앉는 좌석으로 암묵적으로 약속되어 있다. 짧은 구간의 코스를 가는 사람들에게는 무임으로 승차를 허락하는 경우도 있다. 문을 열고 닫는 구조의 버스와 달리 출입문을 연 상태로 달리는 지프니는 출입문 손잡이에 매달려 타고 내리는 승객들을 적잖게 볼 수 있다.

이와 함께 지프니 정류장이나 유동인구가 많은 지역에서는 지프니를 타도록 호객행위를 하는 필리핀인이 보인다. 그들은 실제 지프니운전사가 고용한 사람이 아니다. 하지만 그 호객행위로 인해 사람이 모이면 그에 따른 노동의 대가로 돈을 챙겨주는 것이 그들의 암묵적 약속이다. 필리핀이 경제대국이 될지라도 상대적으로 불편한 교통수단이라 할 수 있는 지프니는 절대로 포기하지 않을 거라는 것이 필리핀을 아는 사람들의 대부분의 예상이다. 지프니는 단순 교통수단을 넘어서 필리핀을 상징하기 때문이다.

바기오 택시 ➡
바기오 지프니 ↘

필리핀 보통 사람이 행복한 도시 / 바기오

바기오 SM몰 그리고 바기오 시민들

　　필리핀에서 SM몰의 영향력은 실로 대단하다. 2015년 기준으로 필리핀 전역에 53개의 SM몰이 건립이 되었으며 지금도 그 영향력은 전국적으로 확대되고 있다. 바기오에서도 2003년 11월 21일 번햄공원이 내려다보이는 세션로드 위 북부 언덕에 SM몰이 자리를 잡게 되었다. 그 전에는 파인스 호텔(Pines Hotel)이 위치했지만 원인을 알 수 없는 산불이 일어나 호텔이 전소되었고 그 자리에 SM몰이 들어서게 되었다.

바기오 SM몰은 필리핀 북부 루손 지역에서 가장 큰 쇼핑몰이며, SM몰에 판매되지 않는다면 볼 것도 없이 다른 쇼핑몰에도 제품이 없다고 단언할 정도로 모든 상품을 취급하는 대형 쇼핑몰이다. 이런 탓에 외국인 내국인 구별 없이 주말이 되면 한 치 앞도 못 볼 정도로 사람으로 넘쳐난다. 그런 여파로 2012년 4월 10일 SM몰이 주차장 확보를 위해 200그루의 소나무를 베어버리는 사건이 일어난다. 보통 바기오를 소나무의 도시라고 일컬을 정도로 바기오 시민들은 소나무를 도시의 상징으로 여긴다.

그 사건은 바기오 내 반 SM몰 운동, 즉 SM몰 보이콧 운동으로 이어졌다. 이런 행동을 통해 바기오 시민들의 성향을 잘 알 수 있다. 보통 바기오 사람들은 다른 지역 사람들에 비해 굉장히 자존심이 강하며 지역에 대한 자부심이 대단하다. SM몰 사건이 아니더라도 바기오에 카지노가 없는 것은 바기오 시민들의 강한 의지 탓이다. 사실 바기오 내 카지노가 처음부터 없었던 것은 아니다. 바기오에는 하얏트 호텔이 있었고 그 안에는 대형 카지노가 입점해 있었다. 하지만 1990년에 일어난 대지진으로 인해 카지노에 있던 많은 사람들이 사망하게 되었고, 그 이후 지금의 SM몰에 위치해 있던 파인스 호텔 내 카지노 역시 원인을 알 수 없는 산불로 인해 전소되어 버린다. 그런 사건들이 일어난 것이 신의 계시라 생각한 바기오 시민들은 그 이후 카지노의 건립을 반대하게 되었다. 그런 여파로 인해 필리핀 웬만한 관광도시라면 한두 개 정도의 카지노가 건립되는 상황과는 다르게 지금까지도 바기오에서는 시민들의 반대에 휩싸여 카지노가 없다. 돈과 권력이면 어떤 것도 다 된다는 자본주의 논리 앞에 시민들이 투쟁하여 얻게 된 결과물이다.

◆ 바기오 내 대표 쇼핑몰은 어떤 것이 있는가?

1) 바기오 SM쇼핑몰

SM쇼핑몰은 외국인들이 가장 선호하는 쇼핑몰로 대형마트, 영화관, 백화점, 음식점, 피트니스 클럽 등이 입점한 종합쇼핑몰이다. 바기오 내 모든 물건이 SM몰에 있다는 소리를 들을 정도로 고급 쇼핑몰로 입지를 구축한 쇼핑몰이다. 단기간 어학연수로 혹은 여행을 오는 경우는 필요 없지만 장기간 바기오에 거주할 생각이라면 SM Advantage카드를 발급받는 것이 여러모로 경제적인 소비를 할 수 있다.

→ SM Advantage Card 발급법 및 혜택

1. SM몰 카운터에서 SM Advantage Express Membership KIT을 구매한다. 금액은 150페소다.
2. 동봉된 회원 신청서를 작성하고 SM몰 내부에 위치한 고객 서비스 카운터에 제출한다.
준비서류는 회원신청서와 본인을 확인할 수 있는 신분증만 있으면 신청 가능하다.
3. 본인 확인 절차 후 본인의 영문명이 들어간 카드를 바로 수령할 수 있다.
수령한 SM Advantage 카드는 회원신청일로부터 2년간 유효하고 2년마다 갱신해야 된다. 갱신 비용은 100페소다.

SM몰과 제휴된 쇼핑몰을 이용하고 난 뒤 카드를 제시하면 포인트
가 적립된다.

기본적인 적립은 200페소 당 0.5퍼센트 1포인트가 적립된다.

SM Advantage 카드에 대한 자세한 혜택은 http://www.
smadvantage.com.ph 홈페이지를 통해 확인가능하다.

2) CENTER MALL(센터몰)

바기오 SM몰을 흔히 외국인이 이용하는 쇼핑몰이라고
한다면 바기오 시민들이 이용하는 대표 쇼핑몰은 센터몰(Center
Mall)이다.

SM몰이 자리 잡기 8년 전인 1995년도에 생겼으며 바기오 사람들
의 만남의 장소라고 불릴 정도로 많은 사람들이 이용했던 쇼핑몰
이다. 지금 역시도 상대적으로 SM몰보다 저렴한 금액으로 상품이
판매되어 아직도 많은 이들이 애용하는 쇼핑몰이다. 또한 센터몰
에는 SM몰에 없는 볼링장이 있어 주말에는 볼링 동호회 사람들과
볼링을 좋아하는 학생들로 사람들로 인산인해를 이루는 지역이
다. 센터몰 위치가 재래시장 근방에 위치하여 입지적 요건에서도
바기오 시민들이 가장 많이 이용하는 쇼핑몰이다.

⬆ SM몰
⬅ 센터몰

3) Tiongsan Mall(청산몰)

바기오에서 생활용품을 가장 저렴하게 판매하는 쇼핑몰은 청산몰(Tionsan Mall)이다. 저렴한 금액과 우수한 품질을 제공한다는 취지로 시작된 청산몰은 바기오 내 4개 지점이 있을 정도로 빠르게 확장되고 있다. 상품은 SM몰에 비해서 많이 없지만 소량으로 포장되어 있는 과자 및 생활용품들이 바기오 내 쇼핑몰에서 가장 저렴하다. 실제로 동네 슈퍼마켓을 하는 상인들이 청산몰에서 대규모로 구매 후 판매한다고 전해질 정도로 청산몰은 바기오 사람들에게 가장 저렴하게 물건을 살 수 있는 곳으로 인식되고 있다.

하지만 단점은 SM몰과 달리 다양한 상품들이 많이 없어 한 번의 쇼핑으로 끝나지 않고 다른 쇼핑몰을 가야 되는 경우가 많아 시간 낭비가 될 수 있다.

4) Baguio City Public Market(바기오 재래시장)

바기오 시민들이 농축산물을 사기 위해 가는 곳은 대형쇼핑몰이 아닌 바기오 재래시장이다. 가격도 저렴할 뿐만 아니라 상품의 품질도 우수하다. 필리핀의 과일이 맛있다고 말을 하지만 실제 대형쇼핑몰에서 구매한 과일의 맛은 고개를 갸웃거리게 할 정도로 신선도와 당도가 떨어진다. 하지만 바기오 재래시장에서 판매하는 상품은 산지 직송 상품인지라 저렴할 뿐만 아니라 품질도 최고 수준이다. 하지만 재래시장 특성상 정액제라기보다는 흥정에 따라 가격이 달라지는 경우가 많아 무턱대고 상인이 요구하는 돈을 지불할 경우 쇼핑몰보다 비싼 금액으로 구매하는 경우가 생길 수 있다. 필리핀의 쇼핑은 흥정이라는 이야기가 있듯이 재래시장은 흥정을 얼마나 잘하느냐에 따라 좋은 제품을 저렴하게 구매할 수 있다.

5) 나이트 마켓

바기오의 여행상품으로 분류될 정도로 유명하며 바기오 시민들의 하나의 쇼핑문화로도 자리 잡힌 것이 나이트 마켓이다. 매일 저녁 9시가 되면 세션로드 부근 도로를 기점으로 새벽 2시까지 야시장이 형성된다. 야시장에는 다양한 종류의 의류, 신발, 액세서리 등이 판매된다. 오리지널 제품은 거의 없지만 가격이 워낙 저렴해 많은 이들에게 사랑받는 곳이 나이트 마켓이다. 이 뿐만 아니라 바기오 내 간식거리들이 야시장을 통해 저렴하게 판매되어 먹거리 여행으로도 추천하는 곳이 나이트 마켓이다.

바기오 야시장에서 판매되는 옷 중의 대부분이 중고 옷을 세탁 후 판매하는 경우다. 그래서 보통 바기오에서 어학연수를 하고 난 후 안 입는 옷이라면 그냥 버릴 것이 아니라 필리핀 선생님들이나 필리핀 친구들에게 선물로 주는 것이 좋다. 실제로 필리핀에서는 중고 옷에 대한 거부감이 없다.

6) 간이 슈퍼마켓

지금 당장 필요한 물품을 사는 데에는 간이 슈퍼마켓을 이용하는 것이 좋다. 실제로 필리핀의 동네 구석구석에 위치한 간이 슈퍼마켓은 세트로 판매하는 제품보다는 단일 제품으로 판매되는 경우가 많다. 담배 같은 경우도 한 갑을 통째로 팔기보다는 한 개비로 파는 경우가 많으며 믹스 커피, 샴푸, 치약 같은 경우도 일회용품 형식으로 판매가 된다.

간이 슈퍼마켓을 이용할 때는 우리나라 편의점 개념으로 생각하면 이해가 쉽다. 대형쇼핑몰보다는 가격이 비싸 필요한 물품만 소량으로 사는 것이 현명한 소비법이다.

🔵 Tiongsan Mall(청산몰)
② Baguio City Public Market(바기오 재래시장)
🔵 나이트 마켓
🔵 간이 슈퍼마켓

○ 개미의 삶 VS 베짱이의 삶

　　바기오가 살기 좋다는 소문으로 인해 필리핀인과 외국인들이 바기오로 몰리게 되었다. 그러다 보니 바기오 구석구석 주택난을 해소하기 위한 건설 붐이 일어나기 시작했다. 그런데 참 특이하게도 필리핀 인부의 모습은 막노동의 정의와는 다른 모습이다. 새참시간에나 휴식하는 우리나라 건설 현장과는 달리 그들은 세월아 네월아 여유를 즐기며 일을 한다. 딱 전형적인 베짱이의 모습이다.
실제로 필리핀에서는 언제까지 공사를 끝내야 돈을 준다는 옵션 조약을 넣어야 제때 공사가 마무리 된다는 이야기도 있다. 그 정도로 필리핀인들은 우리들하고는 다른 노동관이 정착되어 있다. 빠르고 성실한 것을 강조하는 한국인 입장에서는 답답한 노릇이다.
우리는 개미와 베짱이의 삶을 비교하며 올바른 삶의 지표를 교육받았다. 우리는 미래를 준비하지 않고 흥청망청 노는 베짱이를 비판하며 개미의 성실함의 손을 들어주는 사회적 교육과 시선에 익숙해져 있다. 그런 교육 때문인지 우리나라 사람들에게 필리핀 사람은 미래를 준비하지 않은 채 현재를 사는 사람으로만 취급받는 경우가 많다.

6 · 25전쟁 후 원조를 해 주던 나라에서 원조를 받는 나라로 변했다는 역사적 사실을 근거로 필리핀인들의 태도를 미래를 대비하지 않는 베짱이에 빗대어 훈장질한다. 그런 우리들 시선에 그들은 이렇게 반문한다.

"개미의 삶은 여왕개미와 애벌레들을 위한 삶을 살지. 본인이 왜 그런 삶을 사는지 모르는 거야. 단순히 태어날 때부터 어떤 사회적 약속과 통념 속에서 그들은 일을 하는 거지. 그와 반면 베짱이는 비록 게으르다는 비판을 받지만 최소한 자신의 신념대로 살고 자신의 목소리를 내며 하루하루를 즐기면서 살아. 비록 먼 미래를 못 본다는 단점은 있지. 어떤 것이 더 옳은 삶일까? 나는 바라보는 방향에 따라 다른 것 같아."

어떤 삶이 행복하고 불행하고를 정의내릴 수 없다. 하지만 우리는 항상 정답을 찾는다. 그리고 우리의 정답은 개미의 삶이었고 오답은 베짱이의 삶이다. 오답노트에 적힌 베짱이의 삶을 어떤 누군가는 행복으로 여길 수 있는데 우리는 항시 그런 태도를 잘못되었다 평가한다. 일개미로 태어나 평생 애벌레를 위해 반복되는 삶을 살며 죽음을 기다리는 것보다 짧은 인생 속에서 자신의 목소리를 내며 살아가는 베짱이의 삶이 더 좋은 것 아닌가 하는 시선도 있다는 것을 필리핀 사람을 보며 깨닫는다.

여러분들은 일개미의 삶을 살고 있는가? 아니면 베짱이의 삶을 살고 있는가?

사회적 시선에 신경 쓰며 일개미의 삶을 살고자 노력한다 말하지 말고 본인의 삶의 지표는 스스로의 행복코드에 맞춰 선택하면 어떨까?

나는 참고로 개미의 삶을 살다 이제는 베짱이의 삶을 살고 싶다.

바기오의 심장
번햄파크(Burnham Park)를 가다

바기오에 도착하고 맞이하는 첫 주말이었다. 바기오의 심장이라고 일컫는 번햄파크에 가게 되었다. 번햄파크는 미국의 수도인 워싱턴 D.C, 시카고 등의 세계적인 도시를 설계했던 도시건축공학자인 대니얼 번햄(BURNHAM)이 1903년 바기오에 대한 계획을 수립하고 만든 도시다. 바기오의 중심부에 위치한 센트럴 파크는 도시 설계자인 번햄을 기념하기 위해 번햄파크(Burnham Park)로 명명하게 되었다. 매주 주말이 되면 번햄파크는 바기오에 거주하는 가족들이 다 모인다는 이야기가 있을 정도로 많은 인파가 모여든다.

번햄파크에는 바기오의 주요 행사들이 개최되는 장소이며 주말이 되면 본인의 장기를 보여주는 공연들도 많이 열린다. 번햄파크 내에서 열리는 공연은 우리나라에서 흔히 열리는 공연이 아니다. 특출 난 재능이 있는 사람의 공연이라기보다는 공연한다는 것 자체에서 행복을 느끼는 평범한 사람들이다. 그리고 그 공연을 보는 사람은 박수를 쳐주는 식의 분위기다. 실상 이 모습은 호주에서 보던 모습과 비슷했다. 그 당시 배 나온 아저씨들이 끙끙대며 역기를 드는 모습은 큰 충격이었다. 나는 그 당시 공연에 설 수 있는 자격은 남들보다 뛰어난 사람들이라는 편견을 가지고 있었다. 하지만 그 당시 행사는 기록을 위한 행사가 아닌 자신의 한계를 도전하기 위해 열린 40대, 50대 호주인 아버지들의 행사였다. 그 당시 느꼈던 문화충격을 이곳 바기오에서 또 한 번 느끼게 되었다.

묘한 기분이 들었다. 복지천국이라 불리는 선진국인 호주에서는 그런 모습이 당연해 보였다. 그런데 바기오에서 느끼는 이 감정은 마음이 언짢았다. 우리보다 후진국인데 삶의 질은 그들이 더 좋아 보이는 것에 따른 시기심이었던 것이다. 그 뿐만이 아니었다. 번햄 파크 곳곳에 가족나들이를 온 필리핀인의 모습을 보며 서글픈 마음이 들었다.

고속성장을 지향하며 선진국 대열에 올라섰지만 그 빠른 속도의 성장세와 함께 세대 간의 갈등, 가족 간의 불화가 점점 심화되기 시작한 대한민국의 현실이 생각나서다. 패륜범죄라 불리는 혈육 간 범죄가 흔한 사건이 되었고 부모를 버리는 자식이 많아져 불효자식 방지법의 발의가 논의되는 현실이 지금의 대한민국이다. 저 멀리 몸이 불편한 어르신을 부축하며 환하게 웃는 필리핀인들을 보며 나도 모르게 씁쓸한 미소가 지어졌다.

필리핀 보통 사람이 행복한 도시 / 바기오

번햄파크
Burnham Park

나도 모르게
씁쓸한 미소가 지어졌다

바기오 3대 혐오음식에 대해 그들은 말했다

　　수업시간 중 음식문화에 대한 토론을 하게 되었다. 나는 바기오 3대 혐오음식으로 발룻, 닭 머리 튀김, 오독스를 뽑았다. 발룻(Balut)은 전 세계 대표 혐오음식을 선정할 때마다 항상 수위 안에 든다. 필리핀 생활 속에서 발룻은 숙명이라고 말할 정도로 일상 어디에서든 볼 수 있는 대표 간식이자 영양식이다. 발룻은 부화 직전의 오리 알을 삶은 것이다. 이밖에도 바기오에는 우리나라 사람들의 관점으로는 이해가 안 가는 음식이 있다. 대표적인 음식은 닭 머리 튀김이다. 말 그대로 닭 머리만 튀겨서 먹는 음식이다. 튀김옷 속 선명한 닭 벼슬을 보면 비위가 약한 학생들은 비주얼만으로도 고개를 절레절레 흔들게 된다. 마지막으로 오독스(ODOCKS)가 있다. 'ONE DAY OLD CHICKS'라는 뜻으로 태어난 지 얼마 되지 않은 병아리를 기름에 튀겨서 먹는 음식이다. 실제로 필자는 벌칙으로 발룻을 먹어보고 다른 음식은 먹을 엄두가 나지 않았다. 그 이야기를 들은 필리핀 선생님은 웃으며 입맛 다시는 모습을 하더니 한국의 대표 혐오음식은 무엇이냐고 되물었다.

그 질문에 나는 영화 '올드보이'의 최민식이 산낙지를 먹는 장면을 생각해 내며 산낙지와 살아있는 대하를 회로 먹는 것을 이야기했다. 마침 핸드폰에 저장된 생 대하를 먹는 모습을 본 필리핀 선생님은 까무러치듯 놀라며 마치 잔인한 공포영화를 본 듯한 모습을 보였다. 내가 느끼는 바기오 3대 혐오음식에 대한 반응이 저랬을까 싶을 정도로 조금은 과장된 모습에 약간 기분이 묘해졌다. 음식문화가 다르다는 것은 알고 있지만 야만스럽다는 생각이 드는 필리핀 혐오음식과 비할 바는 아니었기 때문이다. 그런 속내를 이미 많은 한국인 학생들에게 느낀 필리핀 선생님은 나에게 한 마디를 했다. 그리고 그 말은 나를 아무 말도 못하게 만들었다. 그 필리핀 선생님의 말은 "어떻게 그 살아있는 동물을 죽을 때까지 이빨로 짓이겨서 먹을 수가 있어. 너무 잔인해!"였다. 필리핀선생님의 돌직구는 나를 부끄럽게 만들었다.

후진국이기 때문에 그들의 음식문화는 미개하다는 생각을 한 나의 민낯이 들켰기 때문이다. 음식문화는 다른 것이지 틀린 것이 아니다. 우리나라 사람들이 좋아하는 음식이 어떤 나라 사람들에게는 혐오음식으로 불릴 수 있다는 것을 깨달아야 되겠다.

음식문화는
다른 것이지
틀린 것이
아니다.

필리핀

◆ 필리핀 대표 음식

1) 불랄로(Bulalo) -

소의 뒷다리 살을 가져다 5시간 이상 삶아 국물을 만든 후 옥수수, 양배추, 배추, 파, 양파 감자 등의 여러 야채를 다시 한 번 삶아 만든 요리다. 필리핀 식 갈비탕 이라고 불릴 정도로 얼큰한 육수 맛이 일 품이다.

2) 아도보(Adobo) -

아도보는 닭고기나 돼지고기 오 징어 등을 기름에 튀겨 간장, 식초, 후추 등 의 갖은 양념을 넣고 푹 졸여 만든 요리다. 닭고기를 넣으면 치킨 아도보, 돼지고기를 넣으면 포크 아도보라 불린다. 필리핀 식 장조림이라고 생각하면 이해가 쉽다. 보통 아도보만 있으면 밥 한 공기를 뚝딱 해치 울 수 있을 정도로 필리핀인들에게는 대표 필리핀 반찬이다.

3) 시니강(Sinigang)

예전 2NE1의 산다라 박이 필리핀에서 가장 사랑하는 음식으로 시니강을 뽑을 정도로 필리핀 대표 국물 요리다. 시니강은 생선, 돼지고기, 쇠고기, 닭고기 등의 조림에 신맛을 우러나오게 만드는 구아바, 칼라만시 설익은 망고를 넣어 만드는 국물 요리다. 시니강에 대한 평은 극과극의 반응이다. 특유의 신맛으로 인해 한 스푼도 못 먹는 사람이 있는 반면 시니강 맛을 모른다면 필리핀을 모르는 것이다 주장하는 사람이 있을 정도로 시니강 맛에 매료된 사람들도 많다.

4) 카레카레(KareKare)

쇠고기와 돼지고기를 땅콩가루, 깍지 콩, 여러 채소를 버무려 만든 필리핀 카레 요리다. 한국에서 먹는 것과 같이 밥에 비벼 먹는 음식이다.

5) 시식(Sisig)

돼지 머릿고기(턱살, 귀, 간)등의 특수 부위와 양파, 고추, 마늘 등을 잘게 다져서 만든 요리다. 간단하게 술안주로 먹을 수 있을 정도로 깔끔한 맛이 인상적이다.

6) 크리스피 파타(Crispy Pata)

필리핀식 돼지 족발요리다. 한국의 족발과는 다른 점은 삶는 것이 아닌 튀긴다는 점이다. 기름에 바싹 튀기다 보니 돼지껍데기가 고소해 많은 사람들이 좋아하는 맛이다. 상대적으로 다른 필리핀음식에 비해서 가격이 비싸 평소에 먹는 음식은 아니다.

7) 룸피아(Lumpia)

밀전병 속에 고기와 야채를 넣어 튀겨먹는 필리핀식 튀김만두다.

8) 찹수이(Chpsuey)

찹수이는 필리핀 내 중국인이 점차 세력을 확장함으로서 정착된 중화요리로 돼지고기, 돼지고기 간, 새우, 버섯, 콩 등의 야채를 넣어 만든 필리핀 대표 야채 음식이다. 담백한 맛이 일품인 요리다.

9) 판싯(Pansic)

필리핀식 잡채 요리로 판싯은 필리핀어로 프라이팬에 볶아내는 면 요리를 말한다. 한국의 잡채와는 다르게 필리핀의 면(Bihon)은 굉장히 가늘며 쉽게 끊어진다. 필리핀의 명절 요리로 불릴 정도로 크리스마스, 부활절 모임뿐만 아닌 소규모 가족모임에도 빠짐없이 등장하는 음식이다.

10) 레촌(Lechon)

레촌은 숯불통구이를 의미한다. 레촌 바보이(Baboy)는 4개월에서 6개월 정도 된 어린돼지를 통째로 구운 것을 말하고 레촌 만옥(Lechon Manok)은 닭을 굽는 것을 말한다. 실제 필리핀 내 큰 행사 때마다 등장하는 음식일 정도로 필리핀인이 가장 사랑하는 음식이자 고급스러운 음식으로 불리는 음식이다.

11) 할로할로(Halo-Halo)

필리핀식 팥빙수로서 갈아 만든 얼음 위로 젤리, 열대과일 그리고 필리핀에 유명한 우베아이스크림을 얹어서 만든 대표 디저트다. 필리핀 패스트 푸드점으로 유명한 차우킹(Chowking)을 방문하는 외국인들의 대부분이 할로할로 때문에 방문한다고 할 정도로 내국인 외국인 모두 사랑하는 대표 디저트다.

12) 피니피칸(Pinipikan) -----------------------------------

　　바기오 전통요리인 피니피칸은 한 국에서 개고기를 부드럽게 한다며 몽둥이로 두들겨 패서 죽이는 방식처럼 닭을 막대기로 죽을 때까지 두들겨 요리한 것을 말한다. 현재는 바기오 도심지에서는 그런 방식으로 죽이는 것을 자제하는 분위기지만 아직까지도 바기오 외곽지역에는 그 방법을 유지해 요리를 하고 있다.

◆ 필리핀 길거리 음식

1) 바나나 큐(Banana Cue) -----------------------------------

　　필리핀 대표 길거리 음식이다. 바나나를 튀긴 후 갈색 설탕을 뿌려 먹는 음식이다. 필리핀 내 바나나가 흔하다 보니 서민들의 간식이라 불린다.

2)튀김요리 Fish balls, Squid balls, Tempura

보통 학교 주변에서 많이 볼 수 있는 길거리 음식이다. 우리나라에서 컵 떡볶이, 오뎅 같은 개념으로 팔리는 간식이다.

3) 키키암(Kikiam)

필리핀 내 중국인이 많이 거주하면서 들어온 중국 길거리 음식이다. 돼지고기와 야채가 들어있는 두부를 튀겨서 만든 음식이다.

4) 쇼마이(Siomai)

역시나 필리핀 내 중국인이 많이 거주하기 시작하며 길거리 음식으로 자리 잡힌 중국식 만두다. 작은 만두피에 돼지고기, 쇠고기, 새우 등이 들어있다.

5) 타호(Taho)

타호는 부드러운 연두부에 달콤한 시럽을 얹어서 먹는 영양 간식이다.

6) 땅콩(Peanuts)

필리핀에는 많은 땅콩 종류의 간식이 있다. 삶은 땅콩, 껍질을 벗겨서 튀긴 콩, 매운 땅콩, 캐스넛 등의 정류로 지나가는 사람의 식욕을 자극시킨다.

7) 그린망고(Green Mango)

설익은 망고에 소금 혹은 새우로 만든 소스에 찍어먹는 간식이다. 신맛이 강해 외국인에게는 호불호가 갈리는 간식이다.

8) 치차론(Chicharon)

돼지껍데기로 만든 과자로 담백한 맛이 일품이다.

9) 고토(Goto) 그리고 루가오(Lugao)

보통 식욕이 없는 경우 먹는 우리 나라 죽과 같은 개념의 필리핀 죽이다.

10) 뱃초이(Batchoy)

돼지고기와 닭고기 내장 등을 끓여 막든 육수의 면을 넣은 필리핀식 고기 국수다. 그 위에 치차론 등을 얹어 먹는다.

11) 옥수수(Corn)

소금과 마가린 그리고 버터를 넣어 옥수수를 삶은 것을 말한다.

12) 바비큐(Barbecue)

필리핀 어느 곳에 가도 볼 수 있는 대표 길거리 음식이다. 종류도 다양해서 닭 날개, 생선구이, 돼지 간, 머릿고기, 닭 내장 등의 구이를 판매하고 있다.

13) 빤데살(Pandesal) ----------------------------------

한국에서는 밥 대신 빵을 먹을 때 토스트를 먹지만 필리핀에서는 빤데살과 커피를 아침대용으로 먹는다. 가격은 1개의 2페소 정도 되는 금액으로 아침에는 간단히 10페소 이내로 끼니를 해결하는 것이 필리핀 내 서민들의 식문화다.

◆ 바기오 내 한국 길거리 음식들

현재 바기오에서는 다른 지역하고 다르게 빠르게 한국의 길거리 음식이 장악하고 있다. 한국 대표 길거리 음식인 떡볶이, 오뎅뿐만 아니라 호떡, 붕어빵 등이 바기오 시민들의 입맛을 장악하고 있다. 금액도 저렴하게 판매되어 필리핀 길거리음식과 가격 경쟁력에서도 밀리지 않고 있다.

주당들이 바기오에
어학연수를 오는 이유

      주당 아니랄까봐 주말이 다가오자 소주가 그리워졌고, 주
당은 주당을 알아본다는 이야기가 있듯이 술을 좋아하는 내 나이
또래의 학생들이 미리 약속이나 한듯 한자리에 모이게 되었다. 전
세계 10대 맥주 중 하나인 산 미구엘을 마시는 것이 돈 버는 것이
라고 말을 하지만 우리는 달랐다. 한국인은 소주! 소주를 마시는
것이 애국이라는 궤변을 늘어놓으며 우리는 마치 애국지사가 된
듯 우리나라 국민 술 소주를 주창했다.

애국주당들의 합일된 주장으로 우리는 삼겹살에 소주를 마시게
되었다. 한 잔 한 잔 들어간 술잔에 나이에 따른 서열이 정해졌다.
그리고 점점 달아오른 술자리 속에서 자신의 고민들과 가족 이야
기들이 여과 없이 나오게 되었다. 그렇게 두 시간 가까이 지나고 1
차를 마친 뒤 2차로 옮기게 되었다. 우리들은 서로 자신들이 술값
을 내겠다며 1000페소 지폐를 계산대에 집어던지는 해프닝을 연
출했다.

그렇게 우리는 취기가 서서히 올라오며 자제력을 잃어갔다. 한국에서의 버릇처럼 우리는 1차에서 멈추지 않고 2차 그리고 3차를 향해 달려가고 있었다. 하지만 시간이 지나면서 통금시간이 마음에 걸렸다. 오늘 어학원의 통금시간은 자정이다. 30대 중후반의 우리 애국주당모임은 클럽에서 신나게 몸을 흔들며 날을 샐 자신이 없었고 어학원 근방에서 마지막으로 술 한 잔을 더 하기로 하며 택시의 몸을 맡겼다.

유년 시절 달동네에 살던 나의 과거를 빼닮은 바기오의 야경. 알코올로 인해 감수성은 무장 해제되었고 30대 중반들의 혀 꼬인 수다는 택시 안에서 이미 시작되었다. 옛 추억은 이미 안주거리가 되었고 이제 술을 마실 수 있는 공간만 필요했다. 그런데 우리들의 예상과는 다른 환경이 조성되었다. 손님을 유혹했던 술집 네온사인 불빛은 온데간데없고 어둠만이 자리앉아 있었다. 독서실로 들어온 듯한 느낌을 받을 정도로 정적만이 감돌았다.

알코올로 인해 탄력 받은 성대들은 약속이나 한 듯 침묵을 지켰고, 어학원의 철문 속 경비들은 이제 들어오라는 수신호를 보내고 있었다. 전력을 가다듬을 새도 없이 한 풀꺾인 분위기는 찬물을 끼얹은 듯 냉각되었다. 어학원 스탠드 불빛이 보여주는 학구열과 우리는 이곳에 영어 공부를 위해 왔다는 초심이 악마의 유혹을 뿌리쳤다. 그렇게 우리는 어학원으로 들어갔다. 그리고 우리들은 그 순간 바기오가 주당들이 영어 공부를 위해 오는 곳이라는 정의를 깨닫게 되었다.

◆ 바기오 어학원들의 통금시간

　　필리핀 어학원들은 90% 이상이 기숙사 일체형 학교다. 그러다보니 안전상의 문제를 위해 통금시간을 설정해 놓고 있다. 보통 평일에는 외출 외박이 안 되는 경우가 대부분이며 외출이 되더라도 밤 10시까지 어학원 안으로 들어와야 된다. 주말에는 여행계획서를 쓰게 되면 외박이 허용되지만 여행계획서를 쓰지 않을 경우에는 자정 혹은 새벽 1시까지 통금시간이다. 아무래도 새벽시간이 되면 취객들도 많고 위험할 수 있기 때문이다.

○ 보통 사람이 행복한 사회

주일이 되면 어김없이 아버지와 어머니는 우리 형제의 손을 잡고 서울 근교로 여행을 갔다. 종종 걸음으로 아버지와 어머니의 뒤를 따르고 지금은 고인이 되신 할머니를 모시고 갔던 추억도 있다. 가족이 함께 여행을 간다는 것 그 자체만으로도 행복을 느꼈다. 하지만 유년의 추억은 어느새 희미해져 갔다. 앞만 보며 달리는 삶을 지향하는 시대에 살게 되며 옛 추억을 떠올릴 수 없이 바쁘게 살게 된 것이다. 이제는 버스 도착시간도 알려주는 전광보드가 나오는 속도의 시대 속에서 그 당시 느꼈던 아련한 추억은 점차 삭제되었다. 감성소모를 막는 사회 구조 속에서 우리의 해방구는 아날로그의 감성을 담은 드라마를 보며 순수했던 유년의 추억을 그리워하는 것이고 그것이 우리가 할 수 있는 일탈의 전부다.

그랬던 나에게 필리핀은 돌아가고 싶은 과거의 모습과 닮아 있었다. 그 어떤 것보다 가족이 소중했던 유년의 추억이 필리핀인의 삶에 고스란히 녹아있었다. 그러다 보니 필리핀에 있다 보면 어머니의 품속같이 마음이 편안해졌다. 하지만 필리핀에서 평생 살고자 한다면 과거를 추억하되 과거의 환경 속에서 살고 싶지는 않다는 것이 내 생각이다. 그런 생각이 필리핀을 사랑하지만 이민을 생각하기에는 꺼려지는 대목이었다.

사실 필자가 생각하는 행복한 사회란 보통 사람이 잘 사는 사회다. 현재 한국 사회는 빈부격차가 점차 심해지고 있으며 무전유죄 유전무죄의 사회로 변화하며 돈과 권력에 따른 갑을관계가 점차 심해지고 있다. 그런 형국이다 보니 평범한 나로서는 선진국으로 이민을 가야 행복할 수 있다는 생각을 하게 되었다. 그러나 자본금이 많지 않은 현실적인 상황 속에서 선진국으로의 이민은 꿈에 불과했다. 그런 반면 필리핀은 처음부터 중산층 이상의 삶을 보장받는다. 하지만 빈부격차가 심한 필리핀의 사회 속에서 헐벗은 아이들이 관광객의 옷자락을 잡으며 구걸하는 모습은 내가 생각한 이상적인 나라가 아니었다. 그런 단점이 나의 이상적인 국가 대상에서 필리핀은 항상 누락되었다.

하지만 그런 단점이 바기오에서는 보이지 않았다. 우리들 내면 깊숙이 박힌 필리핀의 편견과는 상충되는 이미지를 가진 바기오는 빈부격차보다는 보통 사람이 행복한 사회를 지향하고 있었다. 실제로 필리핀에서 바기오는 다른 나라라고 불릴 정도로 차별화된 문화적 특징을 가지고 있다. 다른 도시 사람들도 바기오 사람들은 다른 나라 사람들이라고 느낄 정도로 전체적인 문화와 도시적 분위기가 남다르다.

실제 마닐라에 살고 있는 사람들은 바기오에 있는 사람들에게 마운틴 족이라 놀리지만 바기오에 있는 사람들은 그런 말을 하는 마닐라 사람들에게 하느님과 가까이 사는 우리들의 넓은 마음으로 그들의 좁은 마음을 이해해 줘야지 하며 쿨하게 받아들인다. 그리고 바기오 사람들은 본인들이 바기오에 거주하는 것 자체에 자부심을 느끼는 사람들이다. 필리핀의 많은 도시가 외래국가에 의해 식민지화 되었을 때 Headhunter라는 명성을 가진 필리핀의 전사가 대항해 끝까지 싸웠다는 역사적 사실은 그들에게 강한 자부심을 가지게 만들었다.

바기오 사람들은 자의식이 강하며 필리핀의 전통문화를 다른 도시 사람보다도 잘 지키는 사람들이라고 평한다. 그러다 보니 돈과 지위가 높으면 무소불위의 권력을 보여주는 다른 도시와는 사뭇 분위기가 다르다. 실제로 막강한 권력을 행사하는 국회의원 중에서 바기오 시의원들은 시민들의 의견을 최대한 반영하는 정책을 펼치기로 유명하다. SM몰이 시민들의 허락 없이 200그루의 소나무를 벤 행동에 대해 대규모 보이콧 운동을 했던 것도 바기오 시민들의 특징을 잘 보여주는 대목이다.

" 점차 보통 사람들이
살기 어려워지는 대한민국
의 모습에서 바기오 사회는
내 이상적인 사회와 닮아 있
었다. **"**

◆ 바기오문화 관련 중요 Q&A

Q. 바기오에서는 독재자 마르코스 대통령에 대한 평가가 다르다는데 어떤가요?

A. 필리핀 역사에서 가장 논란이 되는 인물 중의 하나는 마르코스다. 그리고 역사적으로 호불호가 가장 많이 갈리는 인물 역시 마르코스다. 마르코스는 1965년 11월 대통령에 당선되고 나서 필리핀의 경제 부흥기를 이끌었던 엘리트 정치인이었다. 첫 임기(1965~1969년) 동안 마르코스는 효율적 세제운영과 대외차관 유치로 국가재정의 안정을 도모하고 범죄자들을 퇴치하는 등 필리핀의 황금기를 이끌었던 인물이다. 실제로 60년대에는 필리핀이 일본 다음으로 경제 대국이었다. 그러나 마르코스 대통령은 그 이후 독재자의 길을 가게 되었고, 마르코스의 정적인 베니그노 아키노(현 아키노 대통령 아버지)가 1983년 암살당하자 시민들이 들고 일어나게 된다. 그리고 1986년 결국 군부마저도 마르코스에게 등을 돌려 군사시위에 참여하고 결국 마르코스 대통령은 하와이로 망명되게 되었다.

이런 역사적 현실을 보면 마르코스에 대한 국민적 지지도는 낮을 것 같지만 현실은 다르다. 특히나 마르코스 대통령이 경제개발에 힘쓰던 루손 지역(마닐라, 바기오) 사람들의 마르코스 사랑은 대단하다. 마르코스의 시신(왁스로 형상을 만든)이 보관되어 있는 일로코스 노르테 시내에 위치한 마르코스 박물관은 연일 많은 필

필리핀 보통 사람이 행복한 도시 / 바기오

리핀인들이 방문하기로 유명하다.

지금 이 순간도 마르코스 대통령을 국립묘지에 안장을 해야 된다는 여론이 형성되고 있다. 실제로 바기오에서 만난 대부분의 필리핀인이 마르코스를 최고의 대통령이라고 이야기하는데 한 치에 주저함이 없었다. 필리핀의 황금기를 이끌었던 마르코스에 대한 향수를 가진 사람들이 많았다. 외국인이 보는 관점에서는 21년 동안 군사독재를 이끌었던 독재자로만 보였던 그가 바기오에서는 필리핀의 부흥을 이끌었던 영웅으로 인식되는 것이다.

실제 바기오에서는 다른 지역하고 다르게 마르코스에 대한 향수가 강하며 실제로 마닐라와 바기오를 잇는 고속도로 명칭이 마르코스 하이웨이다.

Q. 바기오에도 게이가 많나요?

A. 필리핀 거리를 지날 때 또는 클럽에서, 심지어 학교의 선생님들 중에서도 심심치 않게 게이를 볼 수 있다. 필리핀 내에 게이가 많아진 것은 사회적 현상으로 볼 수 있다. 낙태가 금지된 사회적 분위기 속에서 한 번의 불장난(?)으로 인해 미혼모가 속출하게 되었다. 그런 와중에 책임감 없이 도망가는 아버지와는 달리 꿋꿋하게 어린 자식을 길러내는 강인한 어머니를 보고 자란 아이들은 남성보다는 여성이 더 우월하다는 성적가치관이 심어지게 되었다.

그러다 보니 실제로 필리핀에서는 양성애자 혹은 동성애자가 전체적으로 많은 편이며 필리핀 사람들 역시 게이를 제 3의 성으로 인식하고 서로 거리낌 없이 친구로 대한다. 공중파 방송에서도 해괴망측한 의상을 입고 방송하는 게이들을 볼 수 있고 필리핀 예능 프로그램에서 재능을 보이는 사람 또한 바로 필리핀 게이들이다. 실제로 세계 3대 게이쇼 중 하나가 필리핀의 어메이징 쇼다.

바기오 역시 그런 영향 탓에 게이가 많은 편이다. 하지만 상대적으로 다른 지역과 비교해 보면 그리 많지 않다. 아무래도 중산층 이상의 삶을 사는 바기오 사람들 중 미혼모의 삶을 사는 경우가 드물기 때문이 아닐까 추측한다.

Q. 필리피노 타임이 있다는데 그게 뭔가요?

A. 필리핀에서의 약속은 코리아타임에 버금간다. 코리아타임은 늦기는 해도 결국은 사람이 오지만 필리핀에서는 아예 사람이 오지 않을 경우도 많다. 실제로 주말에 만나기로 하고 약속 장소에 가보면 약속한 필리핀 사람들이 오지 않는 난감한 경우가 많다.

이것은 일종의 문화적인 차이다. 필자의 경험으로 필리핀 사람들은 약속을 쉽게 한다. 그리고 그 약속 자체를 잊어먹는 경우가 허다하다. 보통 필리핀 사람들의 경우 거절했을 때 상대방의 감정을 생각해 약속을 하는 경우가 대부분이다. 그래서 중요한 약속을 할 때는 재차 확인을 하고 확답을 받아야 된다. 의례상 말한 약속인 경우에는 지키지 않아도 된다고 생각하기 때문에 이런 문화적인 부분까지 잘 챙겨야 오해가 없다.

Q. 바기오에서 금기시 되는 대화 주제가 있나요?

A. 바기오 사람들은 교육도시 특성상 토론을 좋아하고 대화하는 것을 좋아한다. 하지만 바기오 사람들도 꺼려하는 주제가 있다. 주제 중의 하나는 정치, 종교 관련 이야기다. 실상 우리나라에서도 정치와 종교에 대해서 같은 성향을 가진 사람들이 아닌 이상 언급하지 않는다고 하듯이 필리핀도 같다. 보통 필리핀 루손지역에 있는 사람들은 독재자로 불리는 마르코스에게는 우호적인 반응을 보이는 반면 정적 집안인 아키노 정부에 대해서는 반감을 가지고 있는 사람들이 대부분이다.

우리나라 내 보수와 진보의 이념싸움과 같은 양상이다. 이와 함께 종교도 큰 이슈가 되고 있다. 대부분의 필리핀인들의 종교는 천주교지만 현재 바기오 내에서 이슬람교가 많이 전파되고 있다. 아무래도 경제적으로 어려운 서민들 위주로 일자리(노점상)를 주며 포교활동을 하는 무슬림의 영향 탓이다. 그런 탓인지 무슬림에 대한 적대심이 있는 상황이다. 아무래도 바기오는 그 어떤 지역사람들보다 자신의 정체성에 굉장한 자부심을 가지고 있는 상황 속에서 돈을 이용해 포교활동을 하는 무슬림들의 행태를 좋게 보지 않는 것이다. 그러다 보니 종교가 같으면 모를까 다른 상황에서는 종교에 대한 언급을 안 하는 것이 좋다.

이와 함께 임금에 대해 물으면 큰 실례다. 보통 우리나라에서는 편한 사이에서는 연봉이 얼마인지 월급은 얼마인지에 대해 많이 물어본다. 하지만 필리핀에서는 지위고하를 막론하고 자신의 일에 만족하고 사는 사람들이다. 임금에 따라 비교대상이 된다는 것 자체를 불쾌하게 생각하는 경우가 많으니 그런 대화 주제는 피하는 것이 좋다.

Q. 바기오에는 화장실 이용요금이 있나요?

A. 외국인이 자주 가는 대형 쇼핑몰이 아닌 이상 바기오 내 대부분의 화장실은 유료 화장실이다. 화장실 이용요금은 5페소이며 대변을 보는 경우에는 10페소까지 받는 경우가 허다하다. 우리나라에서는 레스토랑에 화장실이 딸려 있는 것이 대부분이지만 바기오에서

🔼 **바기오의 유료 화장실**

는 건물 전체에 한두 개의 화장실이 있고 그 마저도 돈을 받는 경

우가 많다.

필리핀인의 대부분을 구성하는 말레이계 사람들의 전통 집 구조에는 화장실은 내부보다는 외부에 위치하는 것을 좋다고 생각하는 문화가 있다. 그러다보니 외국인이 많은 레스토랑을 제외하고는 내부에 화장실이 있는 경우가 극히 드물다.

또한 요즘은 많은 외국인들이 들어와 변기 뚜껑이 있지만 보통의 바기오 사람들은 변기 뚜껑을 비위생적이라고 생각한다. 아무래도 많은 사람의 피부가 닿는다는 생각 때문이다. 보통 필리핀인은 화장지를 앉는 부위에 깔고 볼일을 보거나 아예 접촉을 하지 않고 투명의자 형식으로 일을 본다.

Q. 바기오 사람들은 식사 도중 일부러 트림을 한다?

A. 바기오 사람들과 식사를 함께 하는 경우 조금은 민망할 때가 있다. 우리나라에서는 식사 도중 트림이 나올 경우 입을 가리거나 혹은 최대한 소리가 나지 않도록 하는 것이 매너다. 하지만 바기오 사람들에게는 식사 도중 트림은 자연스러운 소화 현상일 뿐이다. 되레 나이 든 바기오 사람들 같은 경우는 식사 도중 트림을 매너로 인식하는 경우도 있다. 손님의 입장으로 제공받은 음식에 대해 잘 먹었다는 의사표현인 것이다.

현재는 많은 외국인들이 바기오를 방문하여 문화접촉이 이뤄져 식사 도중 트림하는 것을 예의에 벗어나는 행동이라 인지하는 세대들이 많아졌지만 아직까지도 연세가 많은 바기오 시민들은 트림은 자연스러운 소화현상으로 인지하고 있다. 혹여 바기오 사람들과 식사 도중 트림을 하는 것에 대해서 매너에 어긋난다며 얼굴 붉히는 일이 없어야 되겠다.

Q. 바기오 사람들은 더치페이문화가 없다?

A. 우리나라 사람들 같은 경우는 보통 밥을 같이 먹는 경우 남녀 사이가 아닌 이상 1차를 내게 되면 간단하게 2차는 상대방이 내는 식으로 서로 더치페이문화가 어느 정도 정착되어 있다. 바기오 사람들은 평상시에는 더치페이문화지만 상대방이 초대를 할 시에는 초대한 사람이 돈을 내야 된다고 생각한다. 바기오 사람들과 어울려서 식사를 하거나 술을 마시는 경우는 대부분 먼저 제안을 해서 먹는 경우다. 그러다 보니 계산할 때 아무리 많은 돈이 나왔다고 해도 뒷짐 지고 있는 바기오 사람들을 보면 약간 얄밉다는 생각을 하게 된다. 하지만 그것은 그들의 문화다.

물론 요즘에는 외국인들이 들어오며 그런 문화가 점차 사라지고 있지만 아직까지도 많은 바기오 사람들은 그런 문화를 따르고 있다. 필리핀 사람이 한국 사람을 봉으로 여긴다는 시선이 어쩌면 먼저 제안한 사람이 돈을 지불해야 되는 필리핀문화와 부딪쳐 나온 문화 차이일 수도 있다는 점을 이해하고 오해하는 일이 없어야 되겠다.

바기오, 그곳에 나를 두고 오다

Q. 바기오에서는 음식을 남기는 것이 예의다?

A. 바기오 내 현지인의 집을 방문하게 될 경우 꼭 알아둬야 될 음식문화가 있다. 보통 바기오에서는 손님이 자신의 집을 방문하는 것을 굉장한 영광으로 여기며 평소 먹지 않는 고급 음식을 대접하는 경우가 많다. 실제로 빚을 내서라도 손님을 대접하는 것이 필리핀인의 식문화다. 그러다 보니 집주인은 방문한 손님의 눈치를 많이 보는 것이 사실이다.

음식이 부족한 것이 없나 혹은 불편한 것이 뭐가 없나 손님의 일거수일투족을 항시 체크한다. 그런데 조금은 독특한 바기오 식문화가 있는데 그것은 음식을 남기는 것이다. 보통 바기오 사람들은 음식을 깨끗이 비우는 것을 얼마나 못 먹었으면 저렇게 먹을까 하는 시선으로 보거나 집 주인 입장에서는 배불리 음식을 장만하지 못한 것에 대해 죄책감을 느끼게 된다.

그래서 실제로 바기오 사람들이 외식하는 곳을 가게 되면 우리와는 다른 광경을 자주 목격하게 된다. 우리나라 사람들 같은 경우는 쌀 한 톨의 무게를 생명의 무게라며 음식 남기는 것을 죄악시 생각하며 최소한의 잔반을 남기는 분위기지만 바기오 사람들은 접시에 음식을 조금씩 남기는 것을 목격할 수 있다. 그래서 바기오 내 가난한 현지인 집을 방문 시에는 어느 정도 배가 찰 경우에는 접시에 담긴 음식을 다 비우는 것이 아닌 어느 정도 잔반을 남기는 것이 좋다. 그래야 집 주인 입장에서 식사 대접을 잘했다고 인식하기 때문이다.

Q. 바기오 사람들의 선물문화

A. 정성스럽게 준비한 선물을 받게 되면 우리나라 상식으로는 그 선물이 좋고 나쁘고를 떠나 감사 인사를 표한다. 하지만 바기오 사람들은 감사의 인사를 하지만 선물을 뜯어 볼 생각을 하지 않는다. 우리나라 사람들은 선물상자를 뜯어보고 그 선물에 대해서 감사를 표하는 것이 상식이지만 바기오에서는 선물을 준 사람 앞에서 선물상자를 뜯는 것을 큰 무례라고 생각한다. 그러다 보니 많은 사람들이 오해를 하게 된다. 바기오 사람들은 선물을 좋아하지 않는다고 생각하거나 혹은 고마움에 대한 표현에 인색하다고 생각하는 것이다.

하지만 이것 역시 문화 차이다. 그들 입장에서는 우리나라 사람들의 행동이 무례라고 생각한다. 선물이란 것은 개개인의 정성이 담긴 선물이고 자신을 위한 선물인데 남들이 보는 곳에서 선물을 뜯고 남들한테 선물 평가를 받는다는 것 자체가 잘못되었다는 인식이다.

바기오 사람의 선물문화를 이해하지 못한다면 크게 오해할 소지가 있는 대목이 아닐 수 없다. 그래서 로마에 가면 로마법을 따르라는 이야기가 있듯이 그 나라에 가면 그 나라 문화를 알아야 된다는 이야기가 달리 나온 것이 아니다.

Q. 필리핀인의 히야(Hiya)가 뭔가요?

A. 필리핀문화를 이야기할 때 꼭 알아야 되는 것 중의 하나가 있다. 그것은 'Hiya'다. 히야를 한국적으로 표현할 때 가장 적합한 단어는 체면이다. 히야 때문에 우리가 생각하기에는 이해가 안 가는 행동들을 하는 필리핀인들을 많이 볼 수 있다. 보통 필리핀에서는 전당포가 비즈니스적으로 성공하고 있다. 그 이유는 히야 탓이 크다. 보통 필리핀 사람은 가난하더라도 가족행사가 있는 경우 빚을 내서라도 하는 경우를 많이 볼 수 있다. 그 이유는 다른 사람의 시선을 그 어떤 것보다 신경 쓰기 때문이다.

사실 히야 때문에 필리핀 내 한국인이 범죄의 대상이 된다는 이야기를 많이 한다. 단지 필리핀인이 가난하다는 이유 때문에 우리보다 아래로 보는 시선으로 인해 문제가 발생된다.

필리핀 사람들은 본인이 아무리 가난하더라도 남들 앞에서 무시당하는 것을 그 어떤 것보다 싫어한다. 인격적으로 무시하는 태도를 보이는 사람들에게 큰 분노를 느끼는 것이다. 실제로 필리핀에서 "Walang Hiya?"라는 말이 굉장히 심한 욕이다. 해석하면 "너는 체면도 없니? 너는 염치가 없니?"라는 말이다.

지금 이 순간도 필리핀 내 한인들의 사건사고가 유독 많이 일어나고 있다. 대부분의 필리핀을 아는 사람들은 필리핀의 히야문화를 이해하지 못한 데서 기인한 사건이라고 입을 모은다. 필리핀인과 더불어 살고자 한다면 꼭 알아야 되는 것. 그것은 히야(Hiya)다.

우리에게 행복은 무엇인가?

　　찰리 채플린의 명언 '인생은 멀리서 보면 희극이지만 가까이서 보면 비극이다'라는 이야기가 있다. 실제 자본주의에 살고 있는 대부분의 사람들이 그 명언에 고개를 끄덕이며 공감한다. 초고속 성장을 지향하며 오늘의 삶보다는 내일의 삶을 살아야 된다고 강요하는 사회적 분위기 속 우리는 점점 지쳐갔지만 앞으로 정진해 나갔다. 그리고 결국 우리는 OECD국가 대열에 올라서게 되었다.

그런데 뭔가 허전하다. 그리고 허무하다. 멀리서 보기에는 원조를 받던 나라에서 빠른 시간 안에 원조를 해 주는 나라로 변한 유일무이의 나라가 된 대한민국. 감동드라마 속 주인공이지만 우리의 표정은 밝지 않다. 사진을 찍을 때마다 치즈, 김치를 연발해야 입 꼬리를 올리는 웃음에 인색한 그런 사람들이 되었다.

내가 필리핀에 처음 방문하던 2006년 여름, 필리핀이 마냥 좋았던 것은 살가웠던 우리네 과거 모습이 떠올랐기 때문이다. 예전보다 많은 것을 가졌지만 뭔가 허전한 마음. 풍요 속의 빈곤을 느끼던 나의 마음과는 달리 가진 것 없지만 행복하게 살고 있는 필리핀인의 모습을 보며 이웃 간 세대 간 소통의 부재를 낳고 있는 대한민국 사회가 뭔가 잘못 돌아간다는 것을 깨닫게 되었다.

그렇게 10년이라는 세월이 지나고 대한민국은 더 앞으로 나아갔고, 이제는 선진국 대열에 올라서며 잠룡에서 승천하는 비룡으로 바뀌었다. 그러나 풍요 속의 빈곤은 점차 심해지고 있다. 사상누각처럼 멀리서 보면 그럴듯한 집으로 보이지만 언제 무너질지 모르는 불안함을 안고 사는 것이다. 실제로 나날이 행복의 질은 줄어들고 있고, 전 세계 자살률 1위라는 쓸쓸한 성적표를 받아 쥐게 되었다. 그런 반면 필리핀의 발전 속도는 지지부진하다. 그런데 그들에 느린 경제성장 속도만큼 정비례해야 될 행복지수는 반대로 전 세계 최상위 수준이다. 어떤 말로 이 현상을 설명할 수 있을까? 행복은 부의 유무가 아니다 라는 식의 교과서 적인 답이 아닌 실질적인 답은 무엇일까? 정답이라고 말할 수 없지만 나의 유년 시절을 닮은 바기오 생활을 하며 나의 행복에 대해서 깨달았다. 그리고 나는 찰리 채플린의 명언에 부정 의사를 밝힌다.

그리고 찰리 채플린의 명언은 바기오를 오게 되면 바뀔 것이다.

'멀리서 보면 비극이지만 가까이서보면 희극이다.'

가진 것은 없었지만 가족과 함께한다는 것 자체만으로 행복했던 유년 시절! 힘들었기에 서로를 의지하며 내 것보다 우리 것이라는 생각으로 서로 돕고 살았던 그 시절. 그 시절을 닮은 바기오 생활이 해답이라는 생각이 들었다.

저 멀리 우리 사회에서는 공부만 해야 될 것 같은 어린 아이가 자신의 키만 한 빗자루를 들고 청소 일을 하는 어머니를 돕는 모습이 보였다. 부모와 자식 간의 살가웠던 정이 삭제된 지금의 핵가족화 되어 있는 대한민국 사회와는 대조적이다.

멀리서 보면 비극적인 삶을 사는 것 같은 그들의 가난한 생활. 하지만 그 안에는 어머니를 위한 딸의 따뜻한 마음이 있었고, 그런 딸을 보며 절대로 인위적으로 낼 수 없는 행복미소를 가진 어머니가 있었다.

지금 이 순간도 돈 때문에 혈육을 상대로 한 패륜범죄가 수시로 일어나는 대한민국 사회와 달리 대가족이 모여 살며 3대의 성장 과정을 거실 한편에 장식하는 필리핀인의 모습을 보며 가슴이 먹먹해진다. 가족이 최고의 행복이라고 말을 하는 필리핀인의 모습을 보며 나는 나 자신에게 그리고 우리나라 사회에 묻는다.

" 우리에게 행복은 무엇인가? "

우리는 선택이 가능한 삶을 살고 있다

　　나도 어쩔 수 없는 한국인이다. 1년 남짓 바기오를 경험하며 내 삶의 후반전을 도모하기 위해 나에게 휴가를 주었지만 조바심을 느끼며 빠르게 변화하는 한국의 삶을 예의주시하는 내 모습을 발견했다.

그런 나의 모습이 보였는지 필리핀 선생님들은 우회적으로 말을 했다.

"한국인들은 다 좋은데 성격이 너무 급한 것 같아! 잠시 쉴 때도 있어야 되는데 매일 뭔가 숙제하는 학생들처럼 하루하루 자기 자신을 채찍질하고 현재를 즐기지 못하는 것 같아! 물론 그로 인해 지금의 성장을 이뤘지만 조금은 안타까워."

"그렇지. 사실 시간에 대한 성과를 내야 된다는 것 때문에 스트레스 받는 거지. 실제로 현재 내 나이에 번듯한 직장, 집, 차가 없다면 결혼을 포기해야 된다고 말을 해. 그래서 나 역시 불안한 것이 사실이야."

그 이야기에 필리핀 선생님은 고개를 갸웃거렸다. 그들이 볼 때 우

필리핀 보통 사람이 행복한 도시 / 바기오

리들은 무엇이든 의지가 있다면 어떠한 도전도 가능한 사람들이지만 의지가 약해 무조건 안 된다고 여기고 있다는 시선이다.

나는 우리나라 N포세대를 대표해 현재 대한민국 젊은이의 현실을 대변해 줬다.

"현재 우리나라에서는 치솟는 물가, 등록금, 취업난, 집값으로 인해 스스로 돌볼 여유가 없어. 연애와 결혼을 포기하고 결혼을 했더라도 출산을 포기하는 시대야. 그리고 실제로 한 아이를 출산하고 양육하는데 부부 도합 월 500만 원 이상은 벌어야 된다는 것이 일반적인 사고이기도 하고……."

말을 하며 나는 눈치를 봤다. 아무래도 경제관념이 우리나라와 다른 상황의 필리핀인이 월 500만원 즉 20만 페소를 벌지 않으면 양육을 할 수 없다는 내 이야기에 동조할 수 없다는 생각에서다. 확실히 나의 예상대로 그들은 놀랐다. 그 정도 금액을 벌어야 양육이 가능하다는 생각에 적잖이 충격을 받은 듯 했다.

그들은 한국의 물가가 확실히 바기오에 비해서 현저하게 높다는 것을 인지한 듯 보였다. 그런데 갑자기 그들은 나에게 진지하게 물었다.

"바기오에서는 그 돈이면 대저택에서 떵떵대며 살 수 있는데. 이쪽에서 사는 것은 어때?"

뭔가 한 방 맞은 듯싶다. 우리가 투덜대고 있는 경제상황이라면 그들은 평생 가족을 부양하며 살 수 있다. 물론 반론할 수 있다. 우리는 한국에 살고 있다. 필리핀과 경제 사정이 다른데 그것을 비교우

위로 계산해서 생각하는 것은 아니지 않는가?

그러나 우리는 최소한 선택을 할 수 있다. 우리가 마음먹는다면 이주를 통해 최소 중산층 이상의 삶을 보장받을 수 있다. 하지만 우리는 항시 선진국에 살아야만 행복하다는 생각 때문에 우리보다 못 사는 나라로의 이주를 부정하는 것이다.

어떻게 살아야 행복한가? 라는 행복조건의 질문이 어느새 우리나라에서는 어디에서 살아야 행복한가? 라는 질문으로 변질되었다. 지금 이 순간도 가장 살기 좋은 나라와 도시를 순위표로 산출해 지상낙원으로 오라며 이민을 권유한다. 이민만 가면 행복할 수 있다는 사탕발림에 귀를 쫑긋 세우며 해외이주를 선택한 사람들. 과연 세계에서 살기 좋은 나라, 도시에 거주한다고 하여 우리는 행복해질 수 있을까?

"이게 우리 집이야. 내 돈이면 이 집 열 채는 살 수 있어."

허름한 집 앞에서 방긋 웃는 대가족 사진을 보여주는 필리핀 선생님의 모습 속 나는 내 스스로에게 물어본다.

'내가 이 집 열 채를 구매하면 이들보다 열 배는 행복해질까?'

선진국의 일상을 품은 도시 그리고 그 도시를 지키는 사람들!

사뭇 다른 분위기다. 바기오는 일전에 경험했던 필리핀의 다른 도시하고는 매우 달랐다. 거주하는 교민들 역시 미세한 차이가 느껴졌다. 조바심을 내기보다는 조금은 여유가 느껴지는 느낌이라고 해야 될까? 바기오에서 호주 느낌이 들었다.

울창한 소나무 숲을 형성하며 바비큐를 해 먹을 수 있는 공간이 마련된 가족나들이 장소가 도시 전반적으로 형성되어 있고, 더운 날씨 탓에 외출보다는 대형쇼핑몰에서 쇼핑을 하거나 해상스포츠만 즐기는 다른 필리핀의 도시와 달리 반려견을 대동하고 대가족들이 나들이를 나오는 바기오 사람들의 모습을 보면서 선진국의 일상을 품었다는 생각이 들었다. 실제로 바기오는 미국 식민 시대였던 시기에 미국인들의 피서지라는 캐치프레이즈 하에 도시건설이 추진되어 만들어진 계획도시다. 미국의 시카고, 워싱턴의 도시 계획을 진두지휘한 다니엘 허드슨 번햄(Daniel Hudson Burnham)이 수립한 도시 계획으로 만들어진 도시가 바기오다. 그러다 보니 바기오 내 여러 건축양식과 시설들은 미국문화를 품었다는 이야기를 들을 정도로 견고하고 잘 정비되어 있다는 평가를 받는다.

그와 함께 선진문화를 품었지만 필리핀의 문화도 잊지 않고 고수하려는 바기오 사람들의 노력으로 인해 바기오를 평할 때 MIX문화라는 평을 받는다. 외래문화라고 해서 무조건 배척하기보다는 좋은 것을 수용한다는 뜻에서 나온 평이다.

그런 탓인지 몰라도 바기오 사람들은 바기오에 거주한다는 것에 굉장한 자부심을 느끼며 살고 있다. 그런 느낌은 교민들 사이에서도 느낄 수가 있다. 보통 필리핀에 한인 타운이 형성되고 삼겹살집이 성공하면 바로 그 옆에 똑같은 삼겹살집을 오픈하고 가격할인으로 모객을 하는 경우가 많이 있다. 그러다보니 교민끼리 서로 원수같이 지내는 경우가 많이 있다. 하지만 바기오의 한인들은 그와는 사뭇 다른 모습이다. 차이나타운 형성되듯 서로를 챙겨주는 모습이 인상적이었다. 가령 그런 것이다. 한 구역에 삼겹살집이 생기면 되도록 겹치지 않는 음식점이 개업하며 서로의 상권을 보장해주는 식이다. 그러다보니 서로 챙겨주며 같이 힘든 것이 있을 때 도와주는 7080세대가 그렇게 그리워하던 살가운 한국인의 情을 느낄 수가 있는 사회가 바기오 내 한인사회의 모습이다.

이뿐만이 아니다. 필리핀이 위험하다는 인식으로 인해 바기오 역시 위험하다고 인식되는 것을 방지하기 위해 2015년 바기오한인회와 바기오 경찰이 협약을 맺고 한인들에게 무료로 분쟁해결 및 통역서비스를 제공하고 있다. 매주 주말 바기오한인협회 회원들과 바기오경찰이 분쟁의 소지가 많은 지역의 술집 근방 위주로 순찰을 돌며 바기오의 질서를 유지하는데 큰 힘을 쏟고 있다. 영화 황비홍의 실존인물로 거론되는 무인 곽원갑은 이런 명언을 남겼다.

"차에는 우열이 없다. 녹차의 등급이 아니라 중요한 것은 차를 마시는 사람의 기분이다."

바기오가 지상낙원이라기보다는 바기오에 거주하는 사람들로 인해서 바기오가 점차 살기 좋은 도시로 변한 것이 아닐까?

🔼 **바기오의 경찰**

제2의 삶을 바기오로 선택한 사람들

"무엇 때문에 바기오로 이주 오게 되었나요?"

"처음부터 바기오에서 살려고 그랬던 건 아니에요. 한국에서 살아보겠다고 이것저것 알아보고 했지만 가진 돈이 없으니 필리핀 이주를 생각하게 되었고, 영어 공부가 필요할 듯싶어 바기오에 왔는데 날씨도 좋고 필리핀 사람들도 친절해서 정착하게 되었어요."

바기오에 거주하는 한인들을 인터뷰하며 나는 그들에게 공통점을 찾게 되었다. 그것은 하나 같이 처음에는 한국에서 살아보려고 했지만 점차 유전무죄 무전유죄 사회가 되어가며 쓸모없어지면 바로 버림받는 한국 사회에서 살기 어렵다는 생각이 들었다는 점이다. 허울 좋은 명예퇴직이라는 말에 언제든지 쫓겨날 수도 있다는 두려움으로 살며 스트레스를 받았다고 한다. 그래도 한국에서 살고 싶어서 장사를 알아봤지만 한국에서 장사를 하려면 최소한 몇 억 이상이 있어야 가능한 현실에 좌절하게 되었다.

그렇게 해서 알아본 것이 필리핀 이민이었고, 상대적으로 필리핀이지만 정착하는 데 많은 돈이 필요치 않은 바기오로 오게 되었던 것이다.

그런데 뜻밖에 도피같이 오게 된 바기오가 제2의 고향이 되어버린 것이다. 그리고 그들은 바기오 생활을 통해서 제2의 인생을 살게 되었다고 말했다.

"저는 시골 촌놈이었어요. 그리고 집도 가난하고요. 하지만 바기오에 와서 사장님 소리를 듣고, 지금은 한국에서 부자 스포츠로 불리는 골프도 치고 있어요. 만약 한국에서 살았다면 제가 골프를 치며 살 수 있을까요?"

그 말에 나는 고개를 끄덕였다. '아프니깐 청춘이다'라는 말을 하며 청년들의 도전과 열정에 박수를 보내지만 현재 대부분의 서민들은 한국 내 카스트제도가 존재한다고 말한다. 금 수저를 달고 태어나지 않는 이상 인생역전은 로또나 가능하다는 생각이다.

해외이민을 돈 있는 사람들이 하는 것이 아닌 사람답게 살고 싶은 소시민들이 한다는 이야기가 달리 나온 이야기가 아니다.

"돈 있으면 한국이 제일 좋죠. 여태껏 한국에서 태어나고 살아왔는데……"

나는 아무 말도 하지 않았다. 하지만 바기오로 오기 전 인생역전을 꿈꾸며 구매한 로또용지가 그들의 이야기에 동조하고 있었다.

◆ 바기오 교민들이 이야기하는 바기오생활의 조언

1) 황제이민을 생각한다면 바기오로 오지 마라

필리핀 이주를 생각하는 사람이 가장 많이 듣는 이야기가 황제이민이다. 하지만 바기오에 거주하는 교민들의 입장은 황제이민이라는 말 자체를 부정한다. 갑을관계가 싫어서 필리핀으로 이민을 왔는데 왜 필리핀에 와서 본인이 갑을관계의 피의자가 되려고 하는지 이해가 안 된다는 분위기다.

특히나 바기오 지역 사람들은 다른 지역보다 자존심이 강하기로 유명한 사람들이다. 돈이 많다고 해서 하인처럼 부리는 행태를 보인다면 큰 사고로 이어질 수 있다고 조언한다. 더군다나 바기오의 장점은 바기오 사람이라고 말을 한다. 필리핀인들과 선을 긋는 인간관계를 가진다면 바기오의 장점을 상쇄하는 것이다.

2) 최소 1년 이상은 바기오에서 살아보고 이주를 결정해야 된다

교민들이 가장 답답해하는 것 중의 하나가 인터넷으로 알려진 바기오 정보다. 바기오를 제대로 경험하지 않은 사람들이 바기오에 관한 이야기를 사실인양 호도하여 잘못된 정보를 확대, 재생산하고 있다고 밝히고 있다. 교민들은 바기오는 실제로 경험하면 장점이 많은 데 인터넷 상에 비춰지는 단점으로 인해 사람 살기 힘든 지역으로 인식되고 있다고 지적한다.

그리고 바기오에 대한 정보가 아니더라도 필리핀은 인터넷 상의 정보로 판단하고 이민을 와서는 안 된다고 조언한다. 필리핀 사회는 인정하기 싫지만 아직 부정부패가 만연한 나라다. 법률적으로 되지만 안 되는 것이 있고 반대로 불법이지만 되는 것이 필리핀 사회다. 경험하지 않은 이상 절대로 이해하지 못하는 것이 필리핀 사회다. 그렇기에 최소 1년 이상은 현지인과 부딪혀 살아보고 이주를 결정해도 늦지 않다는 것이 현지 교민들의 생각이다.

3) 확실한 필리핀인 파트너가 없다면 사업하지 마라

필리핀에서 사기 사건으로 가장 많은 비중을 차지하는 것이 비즈니스 관련 사기 사건이다. 아무리 좋은 아이템을 가지고 있더라도 본인 이름으로는 지분을 40%밖에는 가지지 못한다. 필리핀인이 60%를 가져야 되는 법 때문에 많은 이들이 필리핀 전문가들에게 도움을 요청하고 그들이 미리 짜놓은 계략에 따라 사업을 시작한다. 본인이 최대 지분을 가지고 있다고 생각했지만 실상은 그들이 대리로 내세운 필리핀인들이 그들의 끄나풀이었고 결국 통째로 회사를 챙겨 먹튀가 되는 사건은 현재도 비일비재하다.

실제로 필리핀에서는 워낙 변수가 많고 특히나 지분 관련 사고가 많아 바기오 현지 교민들은 비즈니스를 생각한다면 진실한 필리핀인 파트너는 직접 챙겨야 된다고 조언한다. 또한 되도록이면 믿을 수 있는 필리핀인 친구를 세 명 이상을 두는 것이 좋다고 말한다. 한 명에게 60% 지분을 주는 경우 '돈 앞에 장사 없다'는 말이 있듯이 변심할 수도 있기 때문이다.

4) 한국인이 아닌 필리핀인을 상대로 비즈니스를 하면 성공한다

보통 한국인들은 새로운 것을 지향하며 유행에 민감한 편이다. 그러다 보니 삼겹살도 와인삼겹살, 된장삼겹살처럼 새로운 맛을 개발하며 까다로운 식성에 보답하려고 노력한다. 그러나 필리핀인은 맛이 변하지 않는 한 한번 맛집이라고 소문이 나면 단골집이 되는 경우가 대부분이다. 그리고 필리핀 비즈니스에는 프랜차이즈 사업이 상당히 많다. 한번 인기를 끌면 2호점, 3호점을 줄줄이 오픈한다.

이러한 현상은 바기오에서도 흔하게 볼 수 있는 모습이다. 그런 점에서 바기오에서 음식점을 계획한다면 한국인이 아닌 필리핀인을 상대로 비즈니스를 하는 것이 성공 가능성이 높다. 실제로 바기오 내 교민과 한국 학생의 수는 전체 바기오 시민의 10분의 1도 되지 않는다. 현지인의 입맛을 사로잡는다면 한국인 최초 바기오 내 프랜차이즈 점을 오픈할 수 있다는 것이 교민들의 조언이다.

5) 한국이 아닌 바기오 생활에 적응해야 행복하다

어느 나라로 이민을 가더라도 해외이민을 선택하는 이유는 행복을 위해서다. 하지만 안타깝게도 향수병에 걸려 역이민으로 다시 한국에 돌아가는 사례가 급증하고 있다. 바기오 역시 마찬가지 상황이다. 바기오 교민들은 향수병을 극복하기 위해서는 한국이 아닌 바기오 생활에 적응해야 된다고 조언한다.

한국에서의 삶을 바기오에서 공유하려고 한다면 상대적으로 인프라가 잡히지 않아 불행할 수밖에 없다. 하지만 바기오는 본인이 마음먹기에 따라 한국에서 하지 못하는 생활이 가능하다. 더군다나 상대적으로 저렴한 물가로 한국에서 시도하지 못했던 스포츠(골프, 테니스)같은 여가활동도 가능하다.

어디로 이민을 가든지 간에 이방인의 삶이 아닌 현지인과 어울리며 삶을 즐기는 것이 해외이민의 목적에 맞는 삶이다.

○ 체험담

보통 사람이 행복한 도시
—박형준

바기오에서 레스토랑을 운영하며 한인협회 회장직을 역임하는 나에게 아무래도 많은 사람들이 바기오에 대한 질문을 많이 한다. 바기오의 어떤 점이 좋아서 바기오에 거주하게 되었는지에 대한 궁금증 때문이다. 그에 대한 나의 답변은 장황한 설명 없이 보통 사람이 행복한 도시라고 말한다. 사실상 바기오는 큰 성공을 위해 찾는 곳은 아니다.

큰 성공을 바란다면 대도시 마닐라나 혹은 관광도시인 세부로 가는 것이 맞다. 바기오는 어쩌면 은퇴이민 지역으로 급부상하는 지역답게 소소한 행복을 위해 온 사람들이 많기 때문이다. 욕심이 없다보니 이웃들 간 사이도 좋다. 항시 외국에 나가면 한국인을 믿지 말라는 말이 조언 같이 들리는 상황이지만 이곳 바기오에서는 우리나라 사회에서 사라진 단어인 이웃사촌이라는 이야기로 정의내릴 만큼 한인 커뮤니티가 그 어떤 곳보다 활성화되어 있고 교류가 활발하다. 그러다 보니 바기오 지역 내 한인들끼리의 갈등은 없다고 해도 과언이 아니다. 부자가 되기 위해 바기오를 온 사람들보다는 내 가족들의 행복을 위해 찾은 도시가 바기오인 탓에 우리나라 사회에서 점차 사라진 이웃들의 情까지 발견할 수 있는 도시가 바기오다.

실제로 필리핀 내 안전성 문제가 대두되는 요즘 2015년 5월 자발적으로 바기오 한인연합회와 학원연합회 그리고 바기오 경찰소와 함께 자율방법대를 운영하고 있다. 이는 필리핀 내 최초로 비영리로 운영되는 서비스이다. 다른 지역에서는 사건사고가 일어나 정부지원 하에 운영되고 있지만 바기오에서는 교민들의 자발적인 협조 속에 한국 학생들이 많이 찾는 음식점, 주점들의 지역을 순찰하며 혹시나 일어날 수 있는 사고를 미연에 방지하는 역할을 하고 있다.

이런 것처럼 바기오 내 거주하는 교민들은 바기오를 살기 좋은 도시로 만들기 위해 십시일반 뜻을 모으고 함께 공동체를 이루고 살아가고 있다. 그러다 보니 필리핀에서도 가장 살기 좋은 지역이라는 평가를 받는 것이다.

요새 한국에서는 해외이민 붐이 한창이다. 아마도 많은 이들이 해외이민을 꿈꾸는 것은 빡빡하게 변해가는 한국 사회에 지쳤기 때문일 것이다. 내 아이가 어렸을 때부터 경쟁시대에 노출되어 흙장

난 한 번 하지 못하고 경주용 말이 된 채 내 옆에 학우를 이겨야 된다는 것을 강조 하는 사회가 싫어 해외이민을 선택한 것이다. 하지만 거의 대부분 해외로 이주하게 되면 또 다른 한인사회의 경쟁 속에 상처 받는 사람들이 많이 있다. 서로 이간질하며 이웃이 땅을 사면 배가 아픈 교민사회 속에서 또 다른 상처를 입고 다시 한국으로 역이민을 가는 경우가 많이 있다. 하지만 바기오는 그런 사회가 아니다.

고속성장을 지향하며 절대 잊어서는 안 되는 인간미가 점차 사라지는 한국 사회와는 다르게 바기오는 돌아가지 못하는 과거를 보여주는 응답하라 시리즈처럼 추억 속 이웃사랑을 고스란히 품은 사회적 모습을 보여주고 있다. 그것이 바로 내가 말하는 보통 사람이 행복한 도시 바기오다.

우기 시즌의 바기오 그리고 우리에게 지상낙원이란?

필리핀의 여름수도라 불릴 정도로 좋은 날씨를 가진 바기오지만 유독 6월부터 9월까지는 상상하기 힘들 정도로 비가 쏟아진다. 아무리 우기 시즌이라지만 한국 사람이 상상하는 것 이상으로 많은 비가 쏟아지니 조금은 당혹스러웠다. 평균적으로 우기 시즌에는 스콜 형식의 비가 2시간 정도 내리지만 태풍이 함께 오는 경우는 해가 뜨지 않는다는 런던처럼 일주일가량 해를 볼 수가 없다. 이런 상황이다 보니 바기오의 우기 시즌에는 우산이 필수품이다.

바기오로 여행하기 가장 좋은 시기인 2월과 꽃 축제를 기점으로 바기오를 왔던 나에게 우기 시즌은 약간의 충격이었다. 바기오 날씨에 매료되었던 나에게 우기 시즌은 바기오생활의 단점이 되어갔다. 매일 새롭게 발견되던 바기오의 장점보다 단점이 조금씩 눈에 띄기 시작했다. 수업시간 중에도 어김없이 쏟아지는 빗방울을 보며 이런 곳에서 어떻게 살까 하는 생각까지 들게 되었다. 내색하지 않으려고 해도 처음과는 다른 얼굴을 하고 있는 나를 발견하고 필리핀 선생님은 말했다.

"바기오의 우기 시즌! 놀랐지. 그런데 정말 한결같아. 항상 이 시기만 되면 무슨 약속이나 한 듯이 비가 오고 또 보란 듯이 10월이 되면 날씨가 또 괜찮아지고 그래."

그 말에 불현듯 호주생활이 생각났다. 지구상에서 지상낙원이 있다면 이곳이 아닐까 싶을 정도로 너무나 아름다웠던 자연환경! 그리고 평화로운 일상이 반복되던 그곳. 그런데 그 일상은 한 달이 조금 지나자 지루함으로 바뀌게 되었고, 자연환경은 더 이상 아름다워 보이지 않았다. 자연림을 형성하고 있던 곳은 벌레들이 득실거리는 곳으로 인지되었고, 해수욕을 즐길 때마다 따라다니던 갈매기는 평화로운 일광욕을 방해하는 훼방꾼으로 신분이 바뀌었다. 인간은 간사한 동물이라는 말이 있듯이 장점은 어느새 체화되어 보이지 않고 단점만 눈여겨보았던 것이다. 바기오 생활도 그렇다. 바기오 생활의 장점은 날씨라고 하지만 실상 그 날씨가 바기오의 단점이 되었다.

우리는 항상 지상낙원에서 사는 것을 꿈꾼다. 하지만 과연 현실세계에서 지상낙원은 존재할까? 존재하더라도 우리는 그새 장점이 체화되고 단점을 들춰내며 불평을 늘어놓게 될 것이다.

노벨문학상 수상 작가 모리스 마테를링크의 대표작 '파랑새'에 보면 행복에 대한 정의가 잘 나와 있다. 우리나라 사람의 대부분은 행복하려면 무언가를 얻어야 되고 지상낙원에 가야 행복할 수 있다고 생각한다. 하지만 동화 속 결론처럼 우리가 찾는 행복은 멀리 있는 것이 아니라 이미 우리와 가까운 곳에 있다. 단지 그 행복을 깨닫지 못할 뿐이다.

항상 모든 곳에 장단점을 체크하며 비평적인 시선으로 행복을 찾으려는 우리들에게 지상낙원은 요원한 일일지 모른다. 우리나라 사람이 보기에는 불행할 조건밖에 없지만 항시 웃는 필리핀 사람에게 나는 물었다.

"너는 어떻게 이런 상황에서도 웃을 수 있어?"

"운다고 해서 상황은 달라지지 않잖아. 그럼 우는 것보다 웃는 게 낫지 않을까?"

필리핀인은 반문했다. 그리고 나는 그 대답에 지상낙원의 답을 찾았다.

꽃 축제와 노인을 위한 나라

　　바기오의 전 시내가 들썩거린다고 말할 정도로 꽃 축제의 열기는 대단하다. 바기오의 심장이라 불리는 번햄파크에서 시작된 퍼레이드 행렬은 바기오 시가지 전체를 돌며 마무리된다. 바기오의 모든 사람들이 참여하는 꽃 축제는 바기오에서 가장 유명한 행사다. 모든 필리핀인들이 죽기 전 꼭 참여하고 싶은 축제라고 말할 정도이다.

특히나 바기오를 제외한 대부분의 지역이 아열대 기후인지라 수천 가지의 꽃이 개화하는 시기에 열리는 꽃 축제는 다른 지역의 축제와는 차원이 다른 감동과 경이로움을 준다. 그러다 보니 다른 필리핀 지역 사람들이 대가족을 이끌고 오는 경우가 상당하다. 가족의 연대의식이 그 어떤 것보다 중요한 필리핀인들의 생각을 잘 알 수 있는 부분이다.

대가족 행렬 중에 유독 눈에 띄는 점은 거동이 힘든 노인들이 많다는 점이다. 그들은 한 걸음 한 걸음 내딛는 것이 힘들어 보였지만 자식과 손주들의 부축으로 꽃 축제를 구경하고 있었다. 휠체어를 끌고 다니는 경우보다 양 옆에 가족들의 손을 맞잡으며 걸음을 내딛는 모습이 인상적이었다. 당장 오늘 내일 쓰러져도 전혀 이상하지 않을 나이가 된 부모들을 이끌고 온 그들의 모습을 필리핀 축제 현장에서 자주 볼 수 있다. 필리핀인들에게 있어 부모님은 자신을 이곳까지 있게 한 고마운 분이자 자신들도 미래에 부모의 삶처럼 자식에게 공경 받으며 살아야 된다는 생각을 하여 다른 누구보다 부모에게 효도를 다한다. 그런 영향으로 사회적으로도 노인에 대한 공경의식이 굉장히 잘 잡혀 있다. 그런 상황 속에서 필리핀 내 가장 이상적인 도시인 바기오의 가장 유명한 축제인 꽃 축제에 아름다운 장관을 보여주고 싶은 것은 부모님을 사랑하는 자식들에게 있어 어쩌면 당연할지도 모르겠다.

명장 코엔 형제가 메가폰을 잡은 '노인을 위한 나라는 없다'를 보며 우리는 고개를 끄덕인다. 우리 사회가 힘없는 약자가 되면 철저히 배제되는 사회로 변했다는 반증이다. 그런 사회에서 살다온 우리들에게 바기오에서 발견한 필리핀인의 모습은 충격 그 이상이다. 지금 이 순간도 대한민국에서는 노인이 되면, 장애인이 되면 사회의 이방인이 되고 만다. OECD 가입국 중 노인빈곤률, 노인자살률 세계 1위라는 타이틀을 거머쥔 대한민국. 자식만 바라보며 아낌없이 모든 것을 주며 젊음을 산화한 부모들은 노인이 되어갔다. 자식들에게 짐이 될까 두려운 노인이 된 부모들은 무가지를 줍고 손을 벌리지 않는다. 더 뭔가 해 주지 못한 것에 죄책감을 느끼며 우리의 부모들은 평생 자신의 삶이 아닌 자식을 위한 삶을 살다

죽음을 맞이한다.

21세기 고속성장을 지향하며 선진국의 명함을 받아 쥔 대한민국의 쓸쓸한 민낯이다. 나이가 들면 들수록 나는 사회적 약자가 되어 간다. 우리의 미래는 점차 불안하고 우울해지고 있는 반면 후진국이라 무시했던 필리핀에는 노인이 되면 사회적 대우를 받는다. 과연 우리가 필리핀인들을 후진국에 산다며 무시할 수 있을까?

거동이 불편한 노인들이 꽃 축제를 잘 볼 수 있도록 모세의 기적처럼 길을 내 주는 필리핀 사람들을 보며 점차 나이가 들어가며 사회에서 쓸모없는 사람으로 취급받는 한국 노인들이 오버랩 되었다. 나는 우리 사회에게 묻고 싶다.

"우리나라 노인들은 선진국 한국보다는 후진국 필리핀이 살기 좋은 나라가 아닐까?"

◆ 파낭벵가(Panangbenga)축제 그리고 칸나오(Canao)

바기오의 2월은 꽃 축제인 파낭벵가 축제로 도시가 들썩인다. Panangbenga는 뜻은 개화한다는 뜻이다. 꽃 축제는 바기오에 수천 가지의 꽃이 개화하는 것에 대한 경이로움과 함께 1990년 지진으로 인해 망가진 바기오의 재건을 바라는 의미에서 개최되는 축제다. 그리고 축제기간에는 칸나오(Canao)의식을 많이 볼 수 있다. 칸나오는 축제의식이라고 볼 수 있다. 우리나라에도 예전 마을단위로 공동체를 꾸리던 시절에 큰 행사가 있으면 소와 돼지를 잡고 마을 주민들 전체가 민속춤을 추며 흥을 돋웠다. 현재 우리나라에서는 이런 행사가 대부분 사라졌지만 바기오에서는 큰 행사가 열릴 때에는 대중들이 많은 곳에서 돼지를 도축하고 춤을 추는 식의 행사를 많이 볼 수 있다. 내가 꽃 축제 기간에 목격한 칸나오 의식은 놀라웠다. 대중이 보는 앞에서 돼지를 도축하는 의식을 진행하는데 돼지 대여섯 마리가 도망가지 못하도록 다리에 포승줄을 묶고 심장 부위에 칼집을 낸다. 그리고 칼집 낸 부위에 대나무 말뚝을 집어넣은 후 짓이겨 돼지들을 죽인다.

동시다발적으로 돼지들이 비명을 지르는 것에 충격을 받을 수밖에 없지만 비명을 많이 지르면 지를수록 악마들이 빠져나간다 생각하여 예전에는 더 많은 돼지들을 죽였다고 한다. 예전에는 소와 개와 같은 동물도 그런 식의 도축을 하였지만 소는 너무 많은 시간이 걸린다는 점에서 개는 반려동물로 인식되어 요즘은 돼지로만 의식을 진행하고 있다.

도축이 끝나면 부족민들의 춤이 이어지고 축제현장에 운집한 대중들에게 음식을 나눠주며 행사가 마무리된다. 앞서서 언급했지만 필리핀에서도 바기오는 전통문화를 존중하고 수호하는 분위기다. 그러다 보니 바기오 내 꽃 축제와 같은 큰 행사 그리고 전통혼례로 식을 진행할 경우에는 어김없이 현장에서 칸나오를 볼 수 있다.

꽃축제 파낭벵가 그리고 칸나오

○ 대한민국 아버지의 휴가

"오! 피터. 대박인데! 평소에 운동 좀 했나봐."

한 살 터울의 배불뚝이 동생은 운동하고는 담을 쌓았을 것 같은 외모를 가지고 있었지만 배드민턴을 쳐도 발군의 실력을 보였고, 특히나 서핑을 탈 때 그의 모습은 배 나온 아저씨가 아닌 근육질로 뭉친 인류최강 60억분의 1의 사나이인 효도르의 느낌까지 들었다. 보통 독자들은 여기에서 의문이 들 것이다. 필리핀에서 서핑을 탄다고? 앞서서 말했지만 바기오에서 한 시간 삼십 분 정도 버스를 타고 가면 서해안 느낌의 바다가 나온다. 그 지역이 산완(Sanwan)이다. 산완에 가게 되면 바다에 서핑보드를 들고 다니는 서퍼들의 모습을 볼 수 있다. 필리핀에서 서핑을 탈 수 있는 곳으로 루손 지역뿐만 아니라 필리핀 전역에서 서핑을 하기 위해 온 사람들로 인해 1년 내내 항상 인산인해를 이루는 곳이다.

보통 바기오에 어학연수를 온 학생들이 1주차 주말에 가볍게 여행 가는 지역이 산완이다. 아무래도 바기오를 오더라도 필리핀하면 바다라는 생각 때문에 산완으로 가는 듯싶다. 나 역시 같은 시기에 온 배치 메이트들과 함께 산완에 가게 되었다. 사실 나의 목적은 서핑이 아니었다. 앞서서 언급했지만 주당으로서 주일에 못 마실 술을 마실 최적의 장소를 찾게 되었고, 여러 해산물(문어, 대하)과 함께 술을 편하게 마실 수 있는 해안 근방을 알아본 곳이 산완이었기 때문에 그곳으로 가게 된 것 뿐이다. 나는 물을 무서워해 수영도 못하는 사람이다. 그런데 나와 동급이라 생각했던 동생이 나는 형과 다른 운동신경을 가진 사람이다! 하고 항명이라도 하듯 서핑을 타는 모습에 적잖이 놀라게 된 것이다.

한껏 고무된 듯 피터는 술자리에서도 목소리를 높였다.

"형님! 제가 해병대 아닙니까? 지금은 아저씨 같은 몸매지만 예전에 한창 날렸습니다."

피터는 옛 해병대 시절의 사진을 보여줬다. 사진 속에는 지금의 배불뚝이 아저씨의 덧니 말고는 전혀 다른 사람의 사진이 들어 있었다. 그 모습에 나 역시 옛 리즈 시절의 사진을 보여줬다.

"형님도 이런 시대가 있었네. 하하. 형님 오늘 기분 좋네요. 한 잔 더 하십시다."

그렇게 술잔을 기울이며 7080세대만 아는 노래와 농담을 하며 추억놀이에 빠지게 되었다. 피터는 지금이 마치 해병대 입대하고 난 후 첫 휴가를 맞는 것처럼 즐겁다고 말했다. 두 아이의 아빠가 되고 일에 중독되어 내 삶을 즐기지 못하고 오로지 자식을 위한 삶을 살았다고 고백했다.

피터의 모습 속 우리 사회 가장의 모습이 보였다. 어느 방송에서 가장들에게 결혼을 하고 나서 가장 하고 싶은 것이 무엇이냐는 설문조사에 PC방에서 컵라면 먹으면서 친구들과 게임을 하고 싶다고 답변하는 것을 본 적이 있다. 본인의 삶을 포기한 채 가족을 위한 삶을 살아가는 대한민국 아버지의 삶을 단편적으로 보여준 답변이다.

3개월의 휴가를 받고 영어 정복을 위해 왔다는 피터. 피터의 취중진담 속 대한민국에서 아버지로 산다는 것에 고민이 들어 있어 씁쓸한 미소가 지어졌다.

"형님. 저 올해 셋째 태어납니다. 이제 저 못 나옵니다."

○ 죽음에 대처하는 그들의 자세

　　매주 월요일이면 40대의 필리핀 선생님은 항시 바기오 미드랜드 커리어(Baquio Midland Courier)신문을 들고 수업에 들어왔다. 스마트폰으로 여러 정보를 체크하는 신세대와는 다르게 아날로그에 익숙한 그가 선택한 것은 한 주간의 사건사고를 알려주는 주간 신문이었다.

그는 그 날도 어김없이 신문을 들고 왔고, 나는 양해를 구하고 신문을 살펴봤다. 보기에는 우리나라에서 흔히 볼 수 있는 주간지와 별반 다를 바가 없었다. 그런데 내 눈을 의심하는 지면이 있었다. 그것은 부고 소식을 알리는 지면이었다. 지면의 30%를 차지할 정도로 많은 사람들의 부고 소식을 알리고 있었다. 순간 한 주간에 큰 사고가 일어난 것이 아닌가 걱정되어 선생님에게 물었다.

"지난주에 무슨 일이 있었기에 이렇게 많은 사람들의 부고란이 있는 거야?"

"아니야! 이 사람들은 자연사한 경우가 대부분이야. 그냥 자신의 아버지, 어머니의 죽음을 애도하기 위해 지면광고를 낸 거야."

유명한 사람들의 부고란이 아닌 말 그대로 보통 사람들이 내는 광고였다. 그 어떤 것보다 가족을 소중히 하는 필리핀인의 삶을 단적으로 보여주는 지면이었다. 실제 필리핀인들은 사돈의 팔촌이 죽었을 때도 지역이 멀더라도 장례식에 참여할 정도로 가족 간의 연대의식이 우리가 생각하는 것 이상으로 대단하다.

현재 우리나라에서는 고독사(孤獨死)의 비중이 점차 높아지고 있다는 진단이 나오고 있다. 특히나 자식들에게 버림받고 독거노인의 삶을 사는 노인들이 극단적 선택인 자살을 하는 것이 현재 대한민국 사회. 실제로 전 세계 노인자살률 1위라는 성적표를 쥔 사회. 쓸모없어지면 바로 버려지는 사회인 대한민국에서 노인이 된다는 것은 이방인이 된다는 이야기다.

빠른 속력을 지향하는 사회 속 변화에 둔감하게 반응할 수밖에 없는 노인들은 사회에서 외면 받는 사람들이 된다. 자식들 역시 빠르게 변화하는 사회에서 명민하게 반응하지 않을 시 뒤쳐질 수 있다는 생각 때문에 부모의 삶을 돌볼 여유가 사라지고 있다. 시간이 지날수록 사회적 약자가 될 수밖에 없는 지금의 대한민국 사회. 한 살 한 살 먹어가는 것에 대한 두려움이 불행을 만드는 단초를 제공하고 있다. 점차 나이가 들며 사회에서도 가족 구성원들에게도 그동안의 살아온 행적에 대한 존경을 받는 필리핀 사회. 어쩌면 우리는 고속성장을 지향하며 잊고 지내서는 안 될 중요한 뭔가를 놓치고 있는 것은 아닐까?

자식의 성공을 바라며 약봉투를 달고 사는 우리네 부모님들의 삶과 부고 속 가족의 애도문을 신문지면에 올리는 필리핀인들의 삶.

어떤 것이 우리가 지향해야 되는 삶일까?
그 답은 독자들에게 맡기겠다.

⊙ 코피노! 무책임한 몇몇 남성만의 문제일까?

"한국인 남성과 필리핀 여성의 결혼에 대해서 어떻게 생각해?"

조금은 뜻밖에 질문이었다. 그리고 몇 번의 대화가 오고가니 여선생님의 현재 교제 상대가 한국인 남성이라는 것을 알 수 있었다. 나는 조금은 냉정하게 말했다.

"그 사람의 진실을 알 수 있는 것은 그 사람이 한국에 귀국하고 나서 다시 필리핀 여성을 찾아오는 거야. 그렇게 다시 찾는다면 그 남성의 진정성을 알 수 있을 거야."

그러면서 나는 우리들의 부끄러운 이야기인 코피노에 대해서 한국남성을 대표해 미안함을 전달했다. 코피노는 한국인 남성과 필리핀 여성 사이에서 태어난 2세를 말한다. 요즘에는 필리핀 내 친부 찾기 운동까지 벌어질 정도로 버려진 코피노들이 많아 심각한 사회문제가 되고 있다. 나 역시 필리핀 내 코피노 실상을 많이 취재한 바 있어 그 참상을 잘 알고 있었다.

"한국 남자만의 잘못이 아니지. 필리핀 여성들도 문제가 많아."

"아니야! 한국 남자들의 책임감 없는 태도가 문제인 거지."

그런데 필리핀 여선생님은 단순히 예의상 필리핀 여성도 문제가 있다고 이야기한 것이 아니었다. 몇몇 필리핀 여성은 실제로 국제결혼을 통한 신분상승을 이루려는 잘못된 사고를 가지고 있다고 보고 있었다. 실제로 여선생님은 남녀 관계를 한 쪽만 잘못되었다고 보는 시선 자체가 잘못되었다고 보고 있었다. 필리핀 여성은 피해자 한국인 남성은 피의자 신분으로 구분 되서는 코피노 문제가 절대로 해결될 수 없다고 보는 것이다.

애시당초 진심으로 사랑하는 사람이었다면 지금의 코피노 문제는 발생하지 않는다고 그녀는 주장했다. 진짜 피해자는 서로의 잘못된 이해관계에 따라 태어난 어린아이들이지 필리핀 여성은 피해자가 아니라고 단호하게 그녀는 말했다. 필리핀에서는 코피노 뿐만 아니라 일본인들이 자주 가는 지역에는 제피노, 미국인들이 많이 가는 지역에는 필엠이 속출하고 있다고 말한다. 필리핀 여성의 치기어린 사랑으로 보기에는 싱글 맘이 너무 많이 생기고 있어 단순히 남자만의 문제로 보기에는 어렵다고 이야기했다.

현재 바기오에서도 한국인과 필리핀 여성이 결혼을 전제로 사귀는 사람이 많다고 그녀는 말했다. 자신 역시 내가 걱정한 것과 달리 교제하는 남성의 부모님도 만나볼 정도로 서로의 진정성 있는 사랑을 확인했고, 자신이 물어본 것은 단지 국제결혼에 대한 나의 의견이 궁금해서 질문했을 뿐이었다.

순간 내 자신이 너무 부끄러웠다. 여선생님과 그녀의 애인은 서로 진정성 있는 사랑을 하고 있었다. 그러나 나는 필리핀 여성은 우리보다는 아래라는 시선으로 그들의 사랑을 폄하하듯 바라보았던 것이다. 그들은 필리핀 여성으로 보기에 앞서 말 그대로 여성이다. 우리는 필리핀 여성과 결혼을 한다고 하면 무슨 하자가 있기에 필리핀 여성과 결혼을 하냐는 시선으로 쳐다본다. 노총각이거나 한국에서 별 볼 일 없는 사람들이나 필리핀 여성과 결혼을 한다고 평가하는 것이 우리 사회의 씁쓸한 현실이다. 어쩌면 코피노 문제는 무책임한 몇몇 한국인 남성의 문제가 아닐지도 모른다. 필리핀인 자체를 아래로 쳐다보는 시선 속에 나온 하나의 사건일 수 있다.

백호주의를 비판하지만 정작 우리나라에서의 인종차별은 그 어떤 나라보다 심각하다. 백인들에게는 우호적인 시선을 흑인들에게는 적대감으로 동남아시아인들은 불법노동자로 쳐다보는 우리의 시선이 코피노 사건을 만든 것이 아닐까?

얼마 전 TV에서 길을 묻는 백인과 흑인들에 대한 한국인의 실험조사가 나온 적이 있었다. 백인의 질문에는 친절히 답해 주는 반면 흑인들의 길 묻는 질문에는 외면하는 실험조사가 나왔다. 어쩌면 그 실험조사에 나온 우리네 모습이 코피노 사건에 원론적 문제인 듯싶어 씁쓸한 미소가 지어졌다.

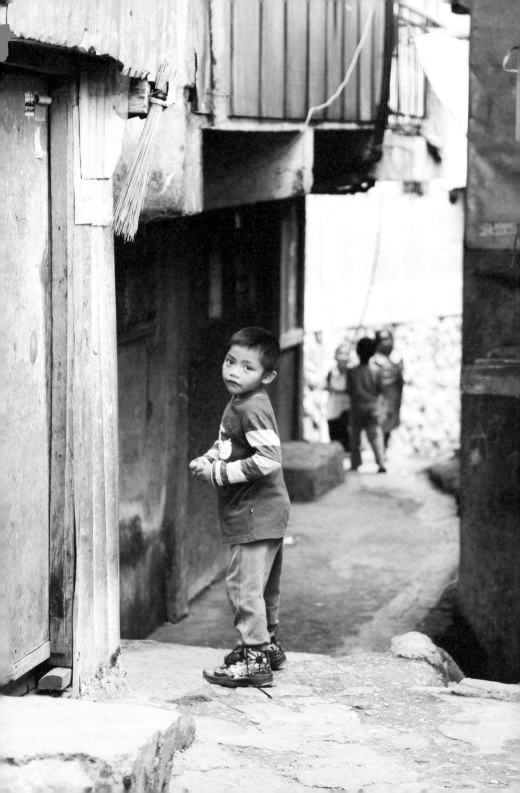

나는 필리핀 여성과 결혼한 것이 아니고
사랑하는 사람과 결혼했다
-박주원

　　항시 부정적 사고를 가진 나에게 필리핀은 힘겨운 상황 속에서도 마음가짐에 따라 행복해질 수 있다는 긍정마인드를 심어주었다. 마치 행복바이러스에 전염된 듯 필리핀생활을 하며 내 얼굴도 점차 밝아지고 있다는 지인들의 이야기 속에서 나는 행복의 의미를 깨닫게 되었다. 그렇게 필리핀 생활의 긍정적인 면들을 경험하던 그 시절 감전이라도 된 듯 내 마음 속에 쏙 들어온 밝고 어여쁜 미소를 가진 필리핀 여학생이 눈에 들어왔다. 그 여학생을 볼 때마다 나는 내 인생의 진정한 행복을 찾았다는 느낌이 들었다. 그리고 그런 느낌이 확신으로 바뀐 후부터 나는 그녀와 교제를 하게 되었고 4년여 간의 꾸준한 연애시간을 가졌다.

한국에서 직장생활을 하고 있을 때도 국제전화를 통해 일주일의

한 번씩은 꼭 통화를 통해 안부를 물었다. 몸이 멀어지면 사랑도 식는다는 이야기는 우리에게는 통하지 않았다.

그렇게 우리는 국경에 상관없이 뜨거운 사랑을 했고, 내 인생의 동반자라는 확신이 들며 나는 청혼을 했다. 그리고 그녀가 받아들임으로 인해 우리는 결혼을 하게 되었다. 필리핀에서의 혼인은 간소하게 진행했다. 우리들에게 결혼이란 남의 눈에 어떻게 비춰지느냐가 아닌 서로의 마음이 중요한 것이기에 결혼식을 아내의 거주지 시청에서 시장의 주례로 결혼반지를 주고받는 절차 하나로 끝내고 신혼여행 또한 가지 않았다.

그렇게 필리핀에서의 혼인신고를 마치고 난 후 우리는 난관에 부딪혔다. 필리핀 혼인신고와는 다르게 한국에서 혼인신고 절차는 6개월이라는 시간이 필요했다. 과거 국제결혼 실패 사례가 많아 절차가 강화된 것이다. 필리핀 여자를 평생의 반려자로 보지 않고 자기만의 틀에 끼어 맞추어 에이전시를 통해 돈으로 여자를 데려왔던 한국 남자들이 아직까지 많기 때문에 벌어진 상황이다. 그런 상황 속에 한국대사관의 영사 역시 심층면접 보듯 우리의 사랑을 의심했다.

"필리핀 여자와 결혼하지 마세요. 돈 보고 결혼하는 겁니다."

연애결혼임을 증명하기 위해 창구에 접수시킨 연애시절 소중한 추억이 담긴 사진들 역시 정리가 되지 않았다며 창구 밖으로 내던지다시피 했다. 그렇게 우리의 사랑이 의심받았지만 우리의 사랑은 확고했다. 긴 시간을 들이고 우리는 결국 비자를 받게 되었고,

결혼 이후 1년여 간 한국에서 신혼생활을 하게 되었다.

그런데 내 아내도 나도 점차 불행해져갔다. 말은 안 해도 주변인들은 무슨 문제가 있어 필리핀 여인과 결혼을 했냐는 식의 시선을 보냄으로써 우리에게 무언의 폭력을 행사했다. 그렇게 우리는 마음의 상처를 입게 되었다. 우리는 행복한데 남들이 우리들을 평가하는 시선이 우리를 점점 지치게 만들었다. 그렇게 우리는 한국생활 1년 후 다시 필리핀으로 돌아왔다. 그리고 지금은 3년째 필리핀에서 우리의 인연을 전혀 의심하지 않은 채 서로의 사랑을 재확인하고 있다.

사실 나는 처음부터 국제결혼을 염두하고 필리핀을 온 것은 아니었다. 그저 나와 마음이 맞고 내 인연이 닿은 여자의 국적이 필리핀사람이었을 뿐이다. 국제결혼. 특히 후진국 여성과 결혼을 한다는 것 하나만으로 사랑의 의심을 받아야 되는 지금의 현실은 우리가 한번쯤은 반성해야 된다. 그리고 막연하게 필리핀여성과 국제결혼을 생각하는 사람들에게도 조언하고 싶다. 필리핀 여성과 결혼하는 것이 아니라 사랑하는 사람과 결혼해라. 그래야 지금 한국사회가 가지고 있는 편견의 포격을 버티고 결혼생활을 유지할 수 있다. 또한 필리핀 여성과 결혼을 먼저 한 사람이 아닌 결혼을 먼저 한 사람의 조언으로 나는 말한다.

'내 아내의 못난 점 3가지가 보이면 잘난 점 7가지를 생각하며 사랑하는 것이 결혼생활의 행복이라고……'

○ 사진 한 장 그리고 우리의 여행

사진 한 장이 카카오톡으로 전송되었다. 손오공의 근두운을 연상할 정도의 구름 덩어리가 하늘 위를 둥둥 떠다니고 있었고 그 아래를 여러 사람이 거닐고 있는 사진이었다. 마치 지상낙원이 있다면 이곳이다 싶을 정도로 진위가 의심스러운 사진이었다. 하지만 이 사진은 2주 전 마운틴 뽈락을 갔다 온 동생이 보내준 사진이었고 본인이 최정상 비석 앞에서 인증샷까지 보냈기에 포토샵이 아니라는 것을 알 수 있었다. DSLR카메라가 아닌 핸드폰 카메라로 찍은 사진임에도 사진 전시회에 출품할 수 있을 정도의 사진 퀄리티에 놀라울 뿐이었다. 사진을 좋아하는 사람으로서 그 비경을 놓칠 수는 없었다. 결국 우리는 귀국하기 전 마지막 여행으로 마운틴 뽈락을 가기로 결심했다.

최고령인 나는 카메라 장비를 들고 동생들과 함께 비경을 찍을 생각으로, 동생들은 어쩌면 마지막 일탈이 될 수 있는 바기오에서의 마지막 여행으로 우리는 각자의 사연을 가지고 산행에 올랐다. 평균연령 35세. 99군번 이기자 부대! 해병대! 수색대 출신의 30대 중반의 나이. 이제는 건강식품 하나씩은 품고 사는 30대 중반들이 그렇게 산행에 오르게 된 것이다.

우리는 올라가는 과정은 생각하지 않은 채 비경 앞에서 사진을 찍을 것만을 상상하며 한 걸음 한 걸음씩 내딛었다. 처음에는 수월했다. 오르막길이라고는 하지만 아무나 사진을 찍어도 작품이 나올 풍경 속에서 우리의 발걸음은 가벼웠다. 그렇게 30분 정도의 시간이 지났을까? 정적이 감돌았다. 오직 거친 숨소리만 들릴 뿐이었다. 신체의 일부였던 카메라까지 가방에 집어넣은 채 주변 살펴볼 여유 없이 앞만 보며 걸어갔다. 우리는 서로 약속이나 한 듯 아무 말도 하지 않고 순례자가 된 것처럼 묵언수행 하듯 걸어갔다. 나는 가이드 발만 보며 앞으로 나아갔고, 그 뒤로는 나이순대로 동생들이 뒤 따라오고 있었다. 그렇게 1시간이 조금 지났을까?

행군훈련 중 10분간의 달콤한 휴식처럼 쉬는 시간이 주어졌다. 그제야 우리는 군장 같은 가방을 내려놓으며 졸졸 흘러나오는 약수를 마시며 마른입을 적셨다. 사실 우리들은 체력적 한계를 느끼고 있었다. 하지만 우리는 자신과의 싸움을 하고 있었다. 말로 형용할 수 없는 기분이었다. 군 전역을 하고 나서 내 한계에 도달하며 도전해 본 적이 없었다. 군대 전역한 지 다들 10년이 넘고 예비군 훈련도 끝나 이제는 민방위 훈련을 받는 40대를 앞둔 배불뚝이들이었지만 우리들은 옛 생각에 젖어 과거의 나를 떠올리며 체력의 한계에 도전하고 있었다.

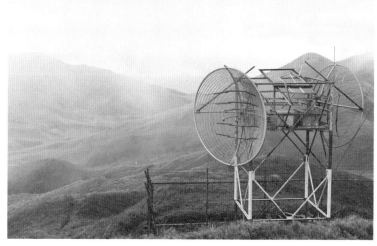

그렇게 산악구보 하던 군 시절을 떠오르며 우리는 쉬지 않고 산을 올랐다. 그렇게 2시간 정도의 시간이 흐르고 드디어 베이스 캠프 장에 도착하게 되었다. 유격훈련을 마치고 난 후 서로를 격려하며 막걸리와 두부김치가 제공되던 과거 군 생활의 추억이 투영되며 우리는 3인용 텐트를 설치한 후 조촐하게 만찬을 즐겼다. 컵라면 과 빵 한 조각. 마운틴 뽈락 캠프장은 환경보존을 위해 취사가 금지되어 있었고 오로지 가능한 것은 물을 끓여서 먹을 수 있는 라면 과 빵 정도 수준이 가능했다.

사회에서 먹은 아무리 맛난 빵도 군대에서 먹었던 건빵 맛을 따라 갈 수 없듯이 우리는 평소 같으면 쳐다보지도 않았을 맨 빵과 컵라 면을 먹으며 임금님의 수라상을 받은 듯 환한 미소를 짓게 되었다. 참 고요했다. 인터넷 연결이 되지 않아 평소 우리들을 찾았던 메 신저의 알림도 없었고, 오로지 우리와 같은 목표로 등반을 하러 온 여행객들의 랜턴 움직임만이 텐트 밖으로 보일 뿐이었다.

그렇게 문명과 떨어져 일상의 걱정을 내려놓은 채 우리는 내일 비 경을 바라볼 기대감으로 잠을 청했다. 오래간만에 강행군을 해서 그런지 금방 골아 떨어졌지만 우리들은 연신 몸을 뒤척였다. 20대 의 군생활의 고통이 이랬을까 싶을 정도로 온 몸을 휘감는 한기로 잠을 제대로 잘 수가 없었다. 더군다나 우기로 넘어가는 시점에 와 서 그런지 텐트 밖으로 비 내리는 소리까지 들려 잠을 제대로 청할 수가 없었다.

일출사진을 담을 수 없다는 걱정보다 지금 이 순간 얼어 죽는 것 아닌가 싶을 정도로 우리는 몸을 밀착하며 서로의 온기로 추위와 싸우고 있었다. 그렇게 새벽 3시쯤 되었을까? 가이드는 인기척을 통해 기상할 시간이 얼마 남지 않았음을 알리고 있었다. 우리는 마치 그 말을 기다렸다는 듯이 세 명이 동시에 일어났다. 아무래도 추위와 싸우느니 야간행군이 낫다는 것이 우리들의 생각이었다.

한 번 경험을 했던지라 쓸데없는 짐을 텐트 안에 넣고 우리는 최대한 간소한 차림으로 정상을 향해 걸어가기 시작했다. 가이드의 헤드랜턴 불빛에 의존한 채 우리는 행군 길에 올랐다. 어제 내린 비로 인해 길이 많이 미끄러워 넘어지고 또 넘어졌지만 이제는 곧 끝난다는 생각으로 발길을 재촉했다.

그렇게 가장 처음으로 최정상에 도착한 우리는 남들에게 좋은 자리 빼앗길지 모른다는 생각에 삼각대를 펼쳐놓고 우리 영역을 표시했다. 그렇게 서서히 해는 떠올랐고 모든 이의 바람대로 일출의 장관이 펼쳐질 서막이 열리고 있었다. 그런데 뭔가 이상했다. 카카오톡 사진에서 보이던 모습은 절대로 나올 수 없는 구조의 일출 모습이었다. 사방팔방으로 삼각대 위치를 바꿔가며 카메라 구도를 잡아보지만 어떤 곳에서도 나올 수 없는 일출 모습이었다.

우리는 적잖게 실망했다. 하지만 이렇게 내려가게 되면 동생들이 마운틴 뿔락 정상에 오르지 않은 채 내려왔다고 생각할 듯싶어 최정상을 나타내는 비석을 배경으로 단체 인증 샷을 남겼다. 나뿐만 아니라 동생들도 아쉬웠는지 내려오는 길에 계속해서 뒤를 살피고 있었다. 하지만 카카오톡으로 받은 사진은 더 이상 기다려도 카메라로 담지 못할 사진이라는 것을 잘 알고 있기에 우리는 최초 베이스캠프를 차린 텐트로 돌아왔다.

일출을 담지 못했다는 실망감은 없었다. 동생들의 내면을 알 수 없었지만 그들 역시 자기 자신과의 싸움에서 이겼다는 승리감에 취해 있었다. 우리는 가벼운 마음으로 처음 등반하기 전 안전사항에 대해 교육받던 장소로 이동하였다. 그동안 문명과 단절되었던 것을 알려주듯 그동안 받지 못했던 카카오톡 메시지가 한꺼번에 쏟아졌다. 교육 장소에는 등반하고 온 여행객을 위한 간이 샤워장이 마련되어 있었다. 동생들이 먼저 샤워를 하고 나는 교육 장소 내 등반한 사람들의 기념사진들이 전시된 곳을 구경하며 샤워 순서를 기다렸다. 그런데 그 예술사진 전시된 곳에 최초 마운틴 뿔락 여행을 오게 만들었던 카카오톡 사진이 사람들이 가장 많이 볼 수 있는 자리에 비치되어 있었다. 피식 웃음이 났다. 그리고 샤워를 마치고 나온 두 동생들 역시 그 사진을 보며 역시 미소를 지었다. 우리는 아직 이곳을 여행오지 않는 지인들에게 우리가 여행을 오게 만든 그 사진과 함께 최정상 비석 앞에서 찍은 단체사진을 같이 보냈다.

그리고 우리는 한바탕 시원하게 웃으며 그 곳을 떠났다.

6000마리의 닭과 20년 동안 방값 걱정이 없어!

나에게 부여됐던 1년이라는 시간을 보내고 한국으로 돌아갈 날이 다가오고 있었다. 시원섭섭하다는 생각이 들었다. 처음에는 한국이 그렇게 그립고 돌아가고 싶었다. 하지만 군 전역을 손꼽아 기다렸지만 막상 그 날이 되면 앞으로 살아갈 것에 대한 걱정으로 잠을 제대로 청하지 못한 것과 같이 잠을 설치며 마지막 수업을 참가하게 되었다.

워낙 많은 졸업생들을 지켜본 필리핀 선생님은 나에게 말했다.

"바기오에서 가장 맛있던 음식이 뭐야?"

"필리핀은 닭 아니겠어."

"내가 기억은 안 나지만 네가 예전에 나한테 이야기한대로 계산하면 너는 바기오에서 6000마리의 닭을 아무런 걱정 없이 먹을 수 있는 재력을 가진 사람이야."

피식 웃음이 나왔다. 웃는 나에게 그는 또 다시 말했다.

"그리고 너는 20년 동안 방값 걱정 없을 정도의 부호야."

필리핀인의 긍정마인드가 전염되듯 나에게 옮겨졌다. 그들이 이야기한대로 나는 바기오에 거주한다면 노후를 걱정하지 않을 정도의 재력을 가진 사람이다. 한국에서는 생계형 창업이라 말하는 치킨집 역시 살인적인 대출금리를 감내해야 개업할 수 있는 돈이지만 바기오에서는 작은 매점 하나 정도는 개업이 가능한 금액을 가진 부호다.

"여태까지 바기오에서 만난 한국인 학생들은 종잡아 만 명 가까이 되었어. 그리고 그 친구들 중에서 0.1% 정도는 다시 이곳 바기오에 와서 생활을 하고 있어. 그들이 바기오로 온 목적은 다른 이유가 아닌 행복을 위해서였어. 너도 언제든 바기오로 올 수 있어! 언제든지 바기오로 오면 나는 너를 환영할 거야! Welcome to Baguio! Rich Man."

마지막 수업을 하는 선생님은 이별에 대한 슬픔이 없었다. 언젠가 의지만 있으면 올 수 있는 한국인이기 때문에 다시 만나자는 기약이 담긴 작별의 인사만 할 뿐이다.

필리핀 선생님 1:1 강의실 벽면 가득 학생들과의 추억이 담긴 사진들이 빼곡히 자리 잡혀 있었다. 그 추억 속 나의 사진도 하나 들어갈 것이다. 그리고 다시 바기오를 찾게 된다면 나는 선생님에게 말할 것이다.

"Long time no see. Rich Man! Come back!"

○ 로또 복권 당첨일만 기다리고 있지는 않는가?

　　만약에 내가 그 당시에 뭘 했다면 내 인생은 달라졌을 것이라며 인생을 푸념하는 지금의 나에게 바기오 생활은 돌아가지 못하는 과거의 삶을 추억하는 것이 아닌 현재의 삶을 영위할 수 있다는 가능성을 제시해 주었다.

매주 토요일 로또 추첨일이 되면 전국 서민들의 한숨과 섞여 인생 역전은 어렵다는 현실을 깨달으며 좌절하던 나에게 바기오에서 1년은 나보다 더 어려운 사람들도 꿈을 잃지 않고 살아가고 있으며, 내 마음가짐과 노력과 도전에 의해서 필리핀 드림이 이뤄질 수 있다는 가능성을 발견하게 되었다.

서민들의 삶이 점점 궁핍해지며 헬조선이라는 신조어가 탄생하고 해외이민이 꿈이 되어버린 대한민국 사회. 하지만 이민 역시 돈이 있어야 가능하다는 현실을 깨달은 서민들은 집단 우울증이 걸려 전 세계 자살률 1위, 사회, 경제적 압박으로 인해 연애, 결혼, 주택 구입 등 많은 것을 포기해 N포 세대라는 시대적 아픔을 나타내는 언어까지 태어났다. 내가 만약 금수저를 들고 태어났다면 인생은 달라졌을 것이라며 사회를 원망하고 현실에서 이뤄지기 힘든 인생역전의 기회를 오로지 로또 당첨밖에 없다는 생각으로 운에 기댄 삶을 살게 되는 것이 지금의 우리나라를 살고 있는 서민들의 모습이다.

그런데 바기오에 거주하는 서민들은 우리에게 말한다.

"모든 것을 다 가지고 있는데 왜 그렇게 불행해?"

"너는 비행기를 타고 이렇게 해외로 여행을 올 수 있잖아."

"그 돈이면 이곳에서 내 숙원이던 사업을 할 수 있어. 10년 동안 저축을 해야 벌 수 있는 돈을 너는 가지고 있어."

바기오의 서민들에게도 로또는 있다. 그리고 그들의 로또 당첨금액은 우리가 이 돈으로 살 수 없다며 푸념하는 그 돈이다. 지구 반대편에서는 죽기 위해 태어난 아이는 없다며 한 달 2만 원의 후원금을 호소하며 삶을 연명하는 곳이 있고, 어떤 곳에서는 그들의 생명 몇 만 명을 구원할 수 있는 돈을 가지며 나는 우울하다는 주술을 외우며 생을 마감하는 사람들도 있다.

로또 추첨 방송 일만 바라보며 인생을 허비할 것인가? 아니면 지구 반대편에서는 절대 도전 못하는 도전의 기회를 잡고 제 2의 인생역전을 위한 도전을 할 것인가?

도전이 두려운가? 故정주영 회장의 명언으로 필자의 대답을 대신한다.

"해 보기는 해 봤어?"

○ 지금의 나는 행복하다!

    1년이라는 적지 않은 시간을 바기오에서 보냈다. 한국에 도착하자마자 동시다발적으로 들은 이야기는 이제 정착해야지? 이제 결혼해야지? 하는 이야기였다. 내 나이에 어쩌면 당연한 이야기다.

하지만 나는 반문했다. 내가 정착하면 행복할까? 내가 결혼을 하면 행복할까? 행복은 인생의 궁극적 목표라고 다들 말한다. 그리고 결혼을 해서 가정을 이루는 것이 행복의 조건이 될 수 있다는 그 말에 전적으로 동의한다. 하지만 내 행복코드는 남들과 다르다. 나는 여행을 통해 새로운 것을 얻고 도전을 통해 얻는 새로운 경험에 행복을 느끼는 사람이다. 그리고 이 글을 읽고 있는 모든 이들의 행복코드는 다 다르다. 하지만 어느새 사람들 사이에서는 행복의 조건이라며 백과사전식 행복의 정의가 만들어지게 되었다.

백과사전식의 정의로 행복을 논할 수는 없다. 그런 식으로 행복을 정의한다면 1년 동안 바기오에서 만나왔던 필리핀인들은 행복할 조건을 가진 사람들이 없다. 그리고 필리핀인들에게는 우리는 행복할 조건밖에 없는 사람들이다. 하지만 결론은 어떠한가? 반대다. 필리핀은 경제적으로 어려움이 있음에도 행복지수가 최상위 수준이고 한국은 선진국 대열에 올라섰지만 행복지수가 최하위 수준에 신변을 비관해 자살하는 사람들의 수는 나날이 늘어 전 세계 자살률 1위라는 불명예를 가지고 있다.

과거를 돌이켜보면 현재의 우리는 과거의 우리가 소망한 대부분의 것을 갖추고 있는 행복한 사람들이다. 하지만 우리는 끝없이 욕심내며 나보다 더 많은 것을 가진 사람을 바라보며 불행하다고 생각한다. 그리고 살기 좋은 나라 리스트에 오른 나라 그리고 도시로 해외이민을 시도한다.

나 역시 환경이 행복을 만들어줄 것이라 생각하며 필리핀 그리고 바기오를 찾았던 것이 사실이다. 행복지수가 높은 필리핀 사람들이 가장 살고 싶어 하는 도시 바기오를 가게 되면 행복할 수 있다 생각한 것이다. 하지만 인간은 간사하게도 카메라 셔터인터벌이 점차 길어질수록 바기오 생활의 장점보다는 단점이 보이기 시작했다. 그리고 그 와중에 바기오에서 누리지 못했던 한국의 장점이 그리워졌다. 그렇게 다시 돌아온 한국. 그 당시 그리워하던 한국의 장점은 점점 체화되었고 단점이 또 다시 보이기 시작했다. 최악의 폭염이 휩쓸던 여름 날씨로 인해 우리나라 가을 날씨를 닮은 바기오가 그리워졌다.

그렇다. 인간은 망각의 동물이자 간사한 동물이다. 지상낙원이란 없다. 단지 인생을 살며 장점이 단점보다 더 많아 선택한 곳이 이상적인 나라이며 도시다. 그런 점에서 바기오는 정착하고 싶은 도시로 검토할 만큼 단점보다 장점이 많은 지역이다. 하지만 아직 나는 젊기에 나의 이상적인 국가 그리고 도시를 위해 또 다시 떠날 것이다. 지금 독자들이 이 책을 보고 있는 시점에 나는 어떤 나라 어떤 도시에 가 있을 것이다.

여러분들은 나의 이런 모습을 어떻게 평가할 것인가? 철없는 사람으로 평가할 것인가? 아니면 도전하는 삶이 아름답다 평가할 것인가? 그런 평가와 상관없이 나는 말한다.

"지금의 나는 행복하다."

현재 알려진 바기오에 관한 정보는
여행객의 신분으로 바라본 정보가 거
의 대부분이다. 여행객의 신분으로
바라본 바기오가 아닌 바기오 현지인
이 알려주는 꼭 알고 있어야 될 정보
를 현지인과의 인터뷰를 통해 상황별
바기오 필수 Q&A로 구성해 봤다.

바기오 필수 정보 Q&A

Part 3.

바기오
필수 정보
Q&A

○ 바기오에서의 생활 Q&A

Q. 바기오에서의 영화는 어디에서 보며 관람료는 얼마인가요?

A. 필리핀 영화관은 매진이 되는 일이 거의 없다. 전 세계 영화 역사상 최고의 흥행을 보인 '아바타'마저도 사람이 텅 빈 영화관에서 볼 정도로 필리핀 영화관의 매진이란 없다. 바기오 영화관 사정도 마찬가지다.

바기오의 영화관은 SM몰과 Center Mall(센터 몰)에 위치해 있다. Center Mall은 워낙 상영관이 좁은 관계로 SM몰을 많이 이용한다. SM몰 내 영화관은 총 4관이다. 세 개 상영관은 2D상영관이며 1개의 상영관은 3D상영관이다. 영화에 따라 금액은 조금씩 차이가 있지만 일반적으로 2D영화관의 비용은 180페소다. 1개 상영관은 3D전용 상영관으로 300페소다. 저렴하게 영화를 볼 수 있는 방법으로는 E-PLUS카드를 신청하는 방법이 있다. 가입비는 150페소이고 1년이 지나면 연회비 100페소가 들지만 2D영화는 10페소 3D영화는 50페소 할인 혜택을 받을 수 있다. 그 뿐만 아니라 5번 영화를 볼 경우 1번의 무료 영화 관람이 가능하다. 가끔 필리핀 은

행과의 제휴를 통해 1000페소 충전할 시 팝콘을 주는 서비스도 제공되기도 한다. 이와 함께 SM몰 내 여러 가지 제휴사에 할인혜택을 받을 수 있다. E-PLUS카드에 대한 자세한 혜택과 정보는 www.eplus.ph를 통해 확인할 수 있다. 잠시 바기오로 여행을 가는 경우가 아니라면 E-PLUS카드를 신청하는 것이 여러모로 돈을 절약할 수 있다. 이와 함께 바기오 내 영화관을 이용할 시 알아둬야 될 점으로는 카메라를 들고 갈 경우에는 입장하는 곳에서 배터리를 맡기고 영화가 끝나고 난 후 되찾아야 된다.

그리고 필리핀 영화관만의 특이사항으로는 필리핀 영화관 역사상 매진이 되는 경우가 거의 없어 영화표 자체에 좌석번호가 나와 있지 않다. 좌석은 선착순 착석이다. 본인이 좋은 자리에 앉아 영화 관람을 원할 경우는 일찍 상영관을 들어가는 것이 좋다. 이와 함께 상영관 내부는 굉장히 춥다. 그러기에 편안한 영화 관람을 위해서는 긴 옷을 입고 가는 것이 좋다. 영화표 구매 이벤트로 커플 기준으로 약 200페소 내외로 햄버거, 도넛, 팝콘, 콜라 등을 제공하는 서비스가 자주 있어 영화 보는 재미를 더해 준다.

Q. 미용실에서 머리를 손질하는 비용은 어떻게 되나요?

A. 바기오의 현지 로컬 미용실에서 머리를 손질하는 경우는 50페소 정도로 이발이 가능하다. 하지만 한국교민이 운영하는 미용실

은 보통 250페소에서 300페소 이상 비용이 들지만 한국 최신유행에 맞는 머리스타일을 연출할 수 있고 시설이 좋다는 장점이 있다. 반면 로컬 미용실 같은 경우는 한국의 최신 유행 스타일을 몰라 단순히 긴 머리를 짧게 자르는 식의 개념으로 이발을 한다고 생각하면 이해가 쉽다.

염색의 경우는 보통 로컬미용실은 300페소 정도 수준으로 한국 미용실과는 1000페소 정도의 차이를 보인다. 금액 차이가 배 이상으로 차이가 나기 때문에 미용실 금액에 따라 생활비 절약이 가능하다.

개인의 취향에 따라 다르겠지만 나는 현지 미용실을 이용하고 그 돈을 아껴 영화 관람이나 식도락 여행을 하는 등 다른 문화 활동을 했다. 평생이 아닌 짧게 바기오로 어학연수를 온 학생이라면 한 번쯤 로컬 미용실을 이용해 보는 것을 권한다.

Q. 한국식품은 어디에서 구매가 가능한가요?

A. 예전과 달리 웬만한 한국 식품 및 제품을 SM몰 같은 대형쇼핑몰에서도 구매가 가능하다. 하지만 아무래도 한국 식품 및 상품은 한국 슈퍼마켓에나 구매하는 것이 더 저렴하다. 한인슈퍼마켓은 한인 타운이라 할 수 있는 리갈다 로드와 세션로드 근방에 위치해 있다. 지금은 한인들이 점차 많아짐에 따라 한국음식을 판매하는 한인슈퍼마켓이 점차 확대되고 있는 추세다. 그리고 공급과 수요

의 법칙에 따라 가격경쟁력이 생기기 시작하며 점차 한국과 비슷한 금액으로 판매가 되는 추세다.

그러다 보니 예전에는 필리핀에 가면 챙겨야 되는 한국물품들이 바기오 내에서도 다 구할 수 있어 단기로 어학연수나 여행을 오는 경우라면 한국 식품이나 제품을 굳이 가지고 올 필요가 없어졌다.

Q. 바기오 사람들이 즐겨 마시는 술과 음료수는 무엇이 있나요?

A. 바기오에서 많이 마시는 음료수는 코카콜라, 스프라이트, 로얄(환타) 정도로 우리와 크게 다르지 않다. 이밖에 필리핀 내에서만 맛볼 수 있는 C2가 있는데, C2는 처음 먹어볼 때는 밋밋하지만 계속 마시다보면 독특한 맛이 느껴져 은근히 중독된다. 이와 함께 필리핀인들이 자주 마시는 음료는 코브라, 스팅 같은 에너지 드링크다. 우리나라 비타500, 박카스 이미지와 같이 필리핀 사람들이 자주 마시는 음료다.

이와 함께 부코주스(코코아 주스) 역시 빼놓을 수 없는 음료수다. 거리에서 흔히 볼 수 있으며 한 컵 당 5페소에서 10페소 정도 한다. 차우킹의 대표 디저트 중의 하나인 할로할로도 있다. 보통 학원가에 많이 판매되는 식품으로 가격은 10페소 정도 되지만 불량식품 같은 느낌을 받아 추천하고 싶지 않다. 이밖에 바기오에서 음료를 사 먹을 때 알아둬야 되는 대목이 있다. 병 보증금이다. 보통 필리핀에서는 음료수 병에 대한 보증금이 있어 병을 돌려주면 보증금을 돌려받는다. 보통 상점에서 음료를 사 먹을 때 비닐에 담은 뒤 빨대를 꽂아 마시는 장면을 볼 수 있는 데 그것은 병 보증금 없이 음료수를 사 먹기 위해서다. 실제로 외국인은 병 자체로 마시는 경우가 많아 보증금이 포함된 금액으로 구매가 되어 현지 필리핀인보다 비싼 금액으로 음료수를 사 먹는 경우가 많다. 쇼핑몰이 아닌 이상은 테이크아웃으로 음료를 먹게 되면 추가적으로 보증금을 낼 필요 없이 음료를 사 먹을 수 있다.

바기오 사람이 즐겨 마시는 술은 역시 맥주와 럼주다. 산 미구엘은 우리나라에서는 6000원에서 7000원 정도에 판매되지만 필리핀은 약 1000원 정도 수준으로 구매가 가능하다. 많이 마실수록 본전을 뽑는다고 말할 정도로 저렴하다. 요즘에는 다양한 맛의 산 미구엘이 나오고 있는 데 특히 애플 맛 산 미구엘이 바기오에서 유행이다. 산 미구엘 말고도 레드호스가 있는데 산 미구엘보다 알코올 도수(약 7%)가 강하다. 바기오는 선선한 기온 때문에 맥주를 마실 때 다른 지역과 달리 얼음 없이 시원한 맥주를 마실 수 있다.

럼주 중에는 탄두아이와 같이 도수(약 40도 이상)가 높은 술을 많이 마신다. 스트레이트로 마시는 경우는 거의 없고, 대부분 얼음에다 콜라, 또는 마일로, 커피믹스 같은 것을 섞어 언더 록으로 마신다. 이외에도 바기오에서는 많은 럼주가 저렴하게 판매된다. 워낙 가성비로 볼 때 럼주 품질이 좋아 귀국 선물로도 많은 사람들이 사 가지고 가는 추세다.

 바기오 영화관
미용실
한국 식료품점
음료

Q. 바기오에는 어떤 프랜차이즈 음식들이 있나요?

A. 바기오 역시 우리나라와 마찬가지로 많은 프랜차이즈가 있으며, 대표 프랜차이즈로는 졸리비를 들 수 있다. 졸리비는 없는 지역이 없을 정도로 흔하게 볼 수 있는데 외국에도 많이 진출해 있다. 졸리비 외에도 필리핀 식 팥빙수 할로할로를 파는 곳으로 유명한 차우킹이 있다. 할로할로 말고도 딤섬과 만두 같은 퓨전 중화요리들을 맛볼 수 있다. 필자가 개인적으로 가장 좋아했던 필리핀 프랜차이즈는 망이니샬이다.

저렴한 닭고기, 돼지고기 바비큐에 10페소 남짓 추가요금을 내면 무한리필로 밥을 먹을 수 있는 망이니샬은 필리핀인들이 가장 사랑하는 프랜차이즈이다. 이밖에도 치킨 전문 브랜드인 안독스, 피자전문점 Shakey's, Yello Cab(옐로우 캡) 베이커리 전문점 레드리본 등이 있다. 그리고 고급수제 햄버거로 유명한 Army Navy 역시 유명하다. 이밖에도 바기오는 필리핀 전역에 위치한 프렌차이즈 뿐만 아니라 필리핀 전통음식을 판매하는 굿 테이스트(Good Taste)같이 바기오에서만 볼 수 있는 프랜차이즈 점들이 많이 있다. 보통 바기오의 프랜차이즈 점은 세션로드에서 성공하고 점차 지점을 확대한다.

Q. 바기오에서는 해산물을 어디에서 구매해야 저렴한가요?

A. 보통 바기오는 산악지형이라 해산물 자체가 굉장히 비싸다고 생각하는 경우가 많다. 하지만 바기오는 선선한 기후로 신선도를 오래 유지하는 것이 가능하다. 그러다 보니 금액을 결정하는 데 중요한 요소인 보존비용이 다른 지역에 비해 저렴하다. 실제로 바기오에 한 시간 반 정도 떨어진 지역에 해안가도 형성되어 있어 유통과정도 그리 오래 걸리지 않아 신선한 해산물을 저렴하게 구매 가능하다.

여기에서 알아야 될 것은 보통 대형쇼핑몰보다는 산지직송으로 거래되는 재래시장의 해산물이 더 저렴하고 신선하다는 것이다. 물론 필리핀 내 쇼핑의 시작은 협상이라는 말이 있듯이 시장 상인과 얼마나 가격흥정을 잘하는 것에 따라 가격은 달라진다. 보통 협상할 때는 처음에는 터무니없는 금액을 요구한다. 그리고 흥미 없다는 시늉을 보이면 시장 가격에 준하는 금액을 제시한다. 그렇다고 해도 절대로 가격협상에 응하지 않고 조금은 떨어진 지역으로 구경을 간 뒤 다시 한 번 그 지역으로 간다. 그러면 그들은 관광객 신분이 아닌 실제 지갑을 여는 소비자로 인식한다. 그 때부터는 처음과는 다른 실거래 되는 금액으로 구매가 가능하다.

Q. 공중전화는 어떻게 이용하나요?

A. 우리나라에서는 이제는 공중전화는 찾아보기도 힘든 물건이 되어버린 지 오래다. 하지만 바기오 같은 경우는 인터넷이 안 되는 지역도 있을뿐더러 안테나 수신이 잘 잡히지 않아 전화 연결이 안 되는 경우도 있다. 그렇기에 비상시를 대비해 공중전화를 이용하는 법을 알아두는 것이 좋다. 필리핀 전화 회사로는 PLDT, 바얀텔, GLOBE 등이 있다.

공중전화기가 없는 지역에는 일반전화를 공중전화 대신 사용할 수 있도록 영업하는 일명 'PAY PHONE'이라는 것도 존재한다. 전화를 거는 방법은 한국에서의 방법과 같다. 지역번호를 누르고 전화번호를 누르면 통화가 가능하다.

주요 도시 지역의 도시번호는 마닐라는 02, 세부는 032, 바기오는 074다. 여기에서 주의할 점은 공중전화 회사가 여러 개라는 점이다. 그래서 공중전화 카드 구매 시 주의가 필요하다. 공중전화기와 같은 회사의 카드가 아니면 사용할 수 없기 때문이다. 카드를 구입할 때는 가능하면 필리핀 내 압도적으로 많은 PLDT카드를 구입하는 것이 좋다. 공중전화 카드는 길거리 또는 쇼핑센터의 통로나 입구에서 판매한다.

ⓘ ② 프랜차이즈 음식점

ⓘ 재래시장 해산물

ⓘ ⑤ 공중전화

Q. 바기오에서 집을 고를 때 주의해야 될 점은 무엇이 있나요?

A. 바기오에서 살 집을 고를 때 가장 주의할 점은 상수도 시설이다. 바기오에서는 폭우와 태풍이 수시로 강타한다. 일단 이런 일이 발생하면 홍수가 일어나거나 지반이 침식되는 경우가 많이 발생한다. 상수도의 이상 유무를 체크하려면 사람들이 물을 가장 많이 쓰는 시간에 수압을 측정해 물이 잘 나오는지 확인한다.

상수도 시설 다음으로 살펴봐야 될 것은 인근의 소음 문제다. 대부분의 필리핀 집들은 방음이 되지 않는다. 주변에서 닭을 기르거나 개를 기르면 새벽마다 힘겨운 소음을 견뎌내야 한다. 여기에 도로 주변이면 지나가는 지프니와 차량 소음으로 인해 수면부족에 시달릴 수 있다.

또 중요한 것 중의 하나는 바기오에서 집을 구할 때는 믿을 수 있는 필리핀 친구를 대동하고 가는 것이 좋다. 같은 매물이 나오더라도 같은 필리핀인에게는 저렴한 금액으로 외국인에게는 폭리를 취하는 행동들이 많기 때문이다. 주택정보 매물은 보통 Baguio Midland Courier 주간지를 통해 많이 나온다.

Q. 바기오에서 계좌개설을 하려면 어떻게 하나요?

A. 단기간 여행을 가거나 어학연수를 하는 경우에는 굳이 필리핀 은행과 거래할 이유가 없다. 하지만 사업을 하거나 장기간 머무는

경우에는 현지계좌를 개설하는 것이 좋다. 아무래도 필리핀 내 한인들의 도난사고가 많은 이유 중의 하나가 현금을 많이 들고 다니기 때문이다. 그런 점에서 장기간 머물 예정이라면 필리핀 계좌를 만들어놓는 것이 좋다.

필리핀 통장은 보통 달러 통장과 페소 통장으로 나뉜다. 계좌 개설은 현지인인 경우 신분증, 현지 주소, 집 전화번호가 필요하다. 외국인(유학생)은 여권과 여권 외 신분증, 증명사진 2매, 현지 주소, 집 전화번호를 가지고 가면 손쉽게 계좌를 만들 수 있다. ATM카드는 신청 후 일주일 이내에 발급이 되며 신청한 은행에 가서 신분증을 제시하면 찾을 수 있다.

보통 바기오에서 많이 이용하는 은행으로 BPI, BDO가 있다. BPI같은 경우는 인출 시 20000페소까지 뽑을 수 있지만 ATM기계가 상대적으로 BDO보다 적어 현재는 BDO를 많이 개설하는 추세다. BDO 보통계좌의 연이율은 2.5%이며, 한 달의 한 번씩 이자가 붙는다.

필리핀 은행 이용 시 주의해야 할 점은 소액의 금액을 저축하고 이용할 경우 매월 계좌 수수료를 지불해야 된다. 따라서 계좌에는 은행에서 계좌수수료를 지불하지 않는 수준의 금액을 저축해 놓는 것이 좋다. BDO계좌 같은 경우는 계좌를 만든 지역이 아닌 다른 지역 내 BDO은행을 내방 후 서비스를 이용 시(심지어 돈 입금을 할 때도) 추가적으로 50페소가 서비스비용으로 나간다. 단 ATM기기를 이용할 시에는 추가적으로 지불되는 비용이 없다.

← 은행 ⬆ 주택 단지

Q. 바기오에서 사용할 영어 이름은 어떤 것이 좋을까요?

A. 필리핀에 가게 되면 아무래도 한국 이름이 아닌 영어 이름을 미리 준비해 가는 것이 좋다. 외국인들에게 한국 이름은 발음이 어려워 사용하기 힘들다. 나 역시 필리핀에서는 강태호라는 이름이 아닌 데이빗(David)이라는 이름을 썼으며 조금 더 친해진 필리핀 인에게는 데이빗 강(David kang)으로 성 정도를 영어 이름과 함께 쓰는 식으로 나를 인식하게 만들었다. 몇 가지 영어 이름이 가진 의미를 소개하면 다음과 같다.

여자이름	의미	남자이름	의미
Alice	기품 있는	Andrew	남자다운, 용감한
Amy	사랑받는	Antony	잴 수 없을 만큼 큰
Angela	천사와 같은	Benjamin	행운아
Dorothy	신이 보낸 선물	David	사랑받는
Emma	유모, 사랑받는 자	Edward	행복의 옹호자
Helen	빛, 등불	Henry	가장
Lucy	빛	Nicholas	정복자
Naomi	나의 기쁨	Peter	바위
Rebecca	남을 농락하는 여자	Phlip	말을 좋아하는
Sabina	덕이 있는 여성	Richard	시골 신사
Sophia	영특한 지혜	Vincent	정복하다

Q. 바기오 내 엑티비티를 할 수 있는 것은 무엇이 있나요?

A. 선선한 날씨 탓으로 바기오에서는 여러 야외 스포츠를 즐기는 사람들을 많이 볼 수 있다. 필리핀인의 국민 스포츠로 불리는 농구

는 기본이고 무더운 날씨로 절대 할 수 없을 것이라 생각한 배드민턴, 야구, 축구 등을 하는 바기오 시민들의 모습을 심심찮게 볼 수 있다. 그와 함께 한국에서 고급 스포츠로 불리는 골프를 10분의 1 금액으로 라운딩을 할 수 있다.

실제로 많은 사람들이 필리핀은 해양 스포츠만 있다고 생각하지만 바기오에는 사계절이 뚜렷한 곳에서나 있을 법한 야외 스포츠를 즐길 수 있다. 바기오의 여름 수도로 불리며 미군들의 캠프장(Camp John Hey)이 수도 마닐라가 아닌 바기오에 건립된 것 자체가 단순 해양 스포츠만 즐길 수 있는 곳이 아닌 모든 엑티비티를 즐길 수 있다는 장점 때문이 아닐까 싶다. 그런 점에서 바기오의 날씨는 필리핀 내에서도 축복받은 날씨라고 말을 한다.

Q. 바기오 내 마사지 가격은 어느 정도 되나요?

A. 필리핀에서 꼭 해봐야 할 일 중의 하나는 전신마사지를 받는 것이다. 한국에서 전신마사지를 받으려면 1시간 기준으로 약 5만원이 들지만 바기오 같은 경우는 1시간 기준 평균 250페소다. 물론 바기오 내 고급호텔 내부에 마사지서비스를 이용하면 굉장히 비싸다. 하지만 일반적인 바기오 내 마사지 금액은 1시간 기준으로 300페소가 넘지 않는다. 너무 저렴한 곳은 마사지 자격증 없이 말 그대로 주무르는 정도의 마사지이며 마사지를 하며 트림을 하

는 등 손님에 대한 배려가 없는 곳도 많다.

한 시간 기준으로 150페소에서 350페소 정도의 마사지를 받는 것이 좋다. 보통 마사지를 받은 후 팁을 주는 것은 에티켓 중의 하나다. 팁은 너무 많이 줄 필요 없이 20페소 정도가 적당하다. 많이 주는 경우 다음에 오는 사람들이 힘들어지며 오히려 기분 나빠하는 필리핀 마사지사도 있으니 그 다음 사람을 위해서라도 팁은 적당하게 주는 것이 좋다.

Q. 바기오 특산물 및 귀국 선물로 좋은 것이 뭐가 있나요?

A. 바기오는 많은 필리핀인들이 여름 피서지로 많이 찾는 곳이다. 실제 우리나라 사람들에게는 가을 날씨로만 인식하지만 필리핀의 다른 도시 사람들에게 바기오 날씨는 특이할 뿐만 아니라 신기한 수준이다. 그러다 보니 바기오를 방문하는 필리핀인들은 바기오 내 특산물을 많이 구매하고 그 당시를 추억하려는 필리핀인들이 많다.

보통 바기오에 방문하면 구매하는 물건으로는 딸기잼과 우베잼이 있다. 딸기잼 같은 경우는 우리나라에서는 흔하지만 필리핀에서 딸기는 바기오에서만 나는 특산물이다. 그러다 보니 딸기잼에서부터 딸기 와인, 딸기 모양의 키홀더 등이 인기가 있다. 우베는 토란같이 생긴 과일로 갈게 되면 보라색 빛깔을 띠게 된다. 할로할로

위에 보라색 아이스크림이 있는데 그것이 우베 아이스크림이다. 우베의 원산지가 바기오이기 때문에 바기오에 오면 꼭 구매해야 되는 특산물이다.

이밖에도 바기오의 특산물로는 Broom(빗자루)이 있다. 아직까지도 많은 필리핀인은 청소기 대신 빗자루를 사용하고 있고 바기오의 빗자루는 수제품으로 이뤄진 제품으로 인기가 좋다. 필리핀사람은 실용적인 제품인 큰 빗자루를 선호하지만 외국인인 경우는 사용할 일이 없어 복조리 개념으로 작은 빗자루를 구매하는 것이 좋다.

은 세공제품도 유명하다. 필리핀 사람들이 바기오의 은제품을 선호해 바기오 시티 재래시장 안에는 은세공을 하는 상점들이 줄 지어 손님들을 기다린다. 바기오 주변 도시 중 하나인 벵겟(Benguet)지방의 커피도 유명하다. 이 벵겟커피와 함께 사향고양이 배설물로 만든 루왁 커피도 재래시장에서 한국의 반의반도 안 되는 금액으로 판매가 된다.

또한 기념 티셔츠와 수공예품이 유명하다. 보통 외국인들에게 바가지를 씌우는 다른 도시와 달리 정찰제 형식으로 판매가 되어 굉장히 저렴한 금액으로 구매가 가능하다.

🡨 🡩 **엑티비티 스포츠**

🡨 **마사지 가격**
🡫 **특산품**

Q. 바기오 생활의 단점은 무엇인가요?

A. 바기오 생활의 단점이라기보다는 필리핀 생활의 단점이다. 뭐든지 빠른 생활에 익숙한 우리나라 사람들에게 필리핀의 생활은 느림 그 자체다. 일단 한국에서의 인터넷 환경과 서비스에 익숙한 사람은 잠시 빠른 속도의 시대가 아닌 아날로그 시대로 돌아간다는 생각으로 바기오 생활을 하는 것이 마음이 편하다. 현재는 바기오 내에서도 인터넷 광랜이 설치되어 있지만 한국에 비할 바가 아니다. 이와 함께 공기오염과 수질오염을 생각해야 된다. 바기오는 상대적으로 다른 지역에 비해서 중심 지역을 벗어나면 신선한 공기를 가지고 있으며 주택 지역으로 가면 금방이라도 쏟아질 것 같은 별이 보이기도 한다. 하지만 중심가를 갈 경우에는 항시 마스크와 손수건 등으로 코와 입을 보호하는 것이 좋다.

이와 함께 수질오염 같은 경우도 다른 지역에 비해서는 좋은 환경이지만 생수나 정수기를 이용해 물을 먹기를 권한다. 여러 관공서 서비스를 이용할 때는 군대에서 배운 참을 忍이 생각 날 정도의 느긋한 서비스로 갑갑함을 느낀다. 국민성 자체가 느긋하고 참을성이 많은 것인지 모르지만 성격 급한 한국인들은 부글부글 끓는다. 또 바기오는 지형 자체가 산악지형이라 상대적으로 개미와 바퀴벌레 같은 벌레가 많은 편이다.

가장 큰 단점으로 손꼽는 것은 우기 시즌이다. 우기 시즌인 6월부터 9월까지는 매일 비가 오며, 태풍이 오는 시기까지 겹치게 되면 일주일 내내 해를 못 보는 경우도 있다. 물론 도로가 금세 잠겨 버

려 오도 가도 못하는 다른 필리핀의 지역과 달리 재난대비 인프라
가 잘 되어 있는 상황이라 바기오는 폭우에 의한 이동성에 불편함
이 있을 뿐이다.

바기오로 이주를 생각하는 사람들은 장점도 장점이지만 단점을
알고 이주를 생각해야 된다. 사람은 참 간사해 장점이라 생각했던
것들이 금방 체화되고 단점이 부각되기 때문이다. 어느 곳이든 단
점 없는 도시는 없다. 다른 도시의 장단점 그리고 바기오에서의 장
단점을 잘 비교한 뒤 나에게 맞는 도시를 찾는 것이 그것이 이상적
인 도시다.

우리가 느끼는 단점이 바기오 사람에게는 일상이기에 단점으로
느껴지지 않고 반대로 바기오 사람에게는 우리나라의 일상생활이
너무 편리한 생활이지만 우리들은 장점이라고 생각하지 않는 것
과 같다. 바기오 생활의 장단점이 체화되어 일상이 되었을 때 그
생활이 바기오로 이주를 할 때의 생활모습이다. 단순히 장점만 보
지 말고 단점도 보며 그 생활에 적응하고 난 후 바기오 이주를 꿈
꿔도 꿈꾸기를 바란다.

Q 바기오 내 통신 서비스는 어떤 것이 있나요?

보통 바기오로 단기로 여행을 오는 경우는 통신 서비스를 사용하지 않아도 되지만 장기로 거주할 경우에는 필리핀 통신사의 유심(USIM)카드를 끼워서 사용하는 것이 좋다. 필리핀에서 유심카드는 편의점이나 대형 쇼핑몰에서 구매가 가능하며 필리핀의 주요 통신사는 글로브(Globe), 스마트(Smart), 썬(Sun cellular)이 있다. 한국에서도 미리 구매가 가능한데 보통 필리핀 근로자들이 거주하는 지역인 혜화동 성당 앞 필리핀 시장과 경기도의 안산 원곡동 성당 등에서 구매가 가능하다.

하지만 굳이 한국에서 구매하기보다는 현지 내에서 쉽게 구매가 가능하기 때문에 따로 시간을 내서 구매를 하지 않아도 된다. 심카드 뒷면을 보게 되면 폰 번호가 나와 있다. 카드에는 "0"을 표기하지 않고 있으니 참조해야 된다.

심카드만 구매했다고 해서 통화가 가능한 것은 아니다. 그 다음 절차로 통신사에 따른 선불카드를 구매해야 된다. 100페소, 300페소, 500페소 등의 카드가 있다. 보통 유효시간이 한 달이기 때문에 본인의 통화량을 체크하고 충전하는 것이 좋다. 통화를 적게 할 경우에는 로컬마켓에서 충전하는 것이 좋다. 그 경우에는 50페소 이내 충전도 가능하다. 하지만 약 2페소 정도는 수수료 개념으로 충전하는 사람에게 지불해야 된다.

통신사 중에서는 본인이 통화를 많이 하는 멤버들의 통신사를 이용하는 것이 좋다. 보통 같은 통신사끼리는 무료 통화, 무료 문자 서비스 등이 제공되기 때문이다. 그렇기 때문에 현지에서 본인이 오랜 기간 머무는 지역 내 통신사 가입자가 많은 곳을 선택해서 구매하는 것이 현명한 선택이다.

필리핀의 통신사들도 여러 프로모션을 통해 모객활동을 하고 있으니 홈페이지를 참조하고 본인에 맞는 요금제 혹은 서비스를 신청하는 것이 좋다.

http://www.globe.com.ph/ (글로브 통신사)

http://smart.com.ph/ (스마트 통신사)

http://suncellular.com.ph/ (썬 통신사)

Q. 바기오 클럽 비용은 얼마인가요?

A. 바기오에서 가장 유명한 클럽은 스페이드 클럽이다. 매주 주말이 되면 많은 유학생들과 바기오에 거주하는 젊은이들로 불야성을 이루는 곳이다. 스페이드 클럽 외에도 바기오에는 여러 클럽이 있다. 보통 입장료는 100페소 정도이며 그 안에는 맥주 한 병 금액이 포함되어 있다. 두 번 계산되는 일이 없도록 입장할 때 입구 쪽에서 도장을 찍어준다.

보통 바기오에서 사고가 많이 나는 지역이 클럽 근방이다. 아무래도 맨 정신이 아닌 술이 거하게 취한 상태에서 방문하는 것이 클럽인 경우가 많아 사고까지 이어지는 것이다. 춤을 추며 스트레스를 풀어버리고 자연스럽게 바기오인과 어울리다 돌아간다고 생각하면 클럽을 나쁘다고 말을 할 수 없다. 하지만 그것이 지나쳐 사고를 부르는 일이 많아져 바기오 경찰, 한인협회가 주도하는 자율 방범대가 클럽 근방으로 순찰을 강화하는 것은 한 번쯤 생각해 볼 문제다.

실제로 몇몇 클럽에서는 셋업 범죄가 이뤄지기도 한다. 필리핀에서 실제로 있었던 일이다. 클럽에서 만나 여성과 진한 밀애를 즐긴 학생이 있었다. 그런데 그 학생이 얼마 후 귀국 비행기를 타기 위해 공항에 나갔다가 경찰에 붙잡히고 말았다. 필리핀 클럽에서 만났던 여성이 임신을 했다며 신고를 한 것이다. 내막을 들어보니 학생과 친해진 그 여성은 자연스럽게 개인 정보를 캐낸 뒤 협박하여 돈을 뜯어내려 했다고 한다. 하지만 그런 내막이야 어떻든 그 학생은 몇 달 동안 한국에 돌아오지 못했다. 그 학생도 문제지만 일부 필리핀 여성들이 그런 식으로 한국인을 노리고 있다는 것을 인지 해야 된다.

Tip)

클럽 내 절대 하지 말아야 되는 행동

클럽에서 끊임없이 사건사고가 일어나는 것은 필리핀인과 다른 문화에 기인한 경우가 많다. 필리핀인을 접할 때 절대로 하지 말아야 되는 행동이 있는데 다음과 같다.

멀리 있는 사람을 손가락으로 가리키며 이야기하는 것은 피해야 된다. 이런 식의 몸짓은 필리핀에서는 범죄인에게 하는 행위에 속한다. 허리에 양손을 올리는 자세 또한 상대방에게 권위를 나타내는 건방진 행위에 속하므로 가능한 피해야 한다. 또 하나는 눈싸움이다. 우리나라 사람들에게 눈싸움은 일종의 기백을 표현하는 것으로 눈싸움을 피하면 겁쟁이로 인식하지만 필리핀에서는 눈싸움을 피하면 싸움을 피하고 좋게 해결했다고 인식한다. 특히 말싸움이 일어날 경우 큰 소리로 이야기하는 것은 정말 삼가야 되는 행동이다. 우리나라에서는 목소리 큰 사람이 이기는 것이라며 싸울 때 목청껏 소리를 지르지만 필리핀에서는 죽을죄를 지었다 하더라도 큰 소리로 욕되는 것을 참을 수 없는 모욕으로 여긴다. 자신의 허물을 그곳에 있는 모든 사람에게 광고하는 것이라 생각하기 때문이다.

클럽 내에서 유독 한국인과 필리핀인이 부딪치는 이유 중의 하나가 바로 이런 문화의 차이 때문인 경우가 크다. 로마에 갔으면 로마법을 따르라는 말이 있듯이 그들의 문화를 존중하고 행동한다면 클럽 내 사건사고에 휘말리는 일은 없을 것이다.

Q 바기오 내 의료시설은 괜찮나요?

A 외국 생활을 하면서 가장 서러울 때가 몸이 아플 때라고 말을 한다. 더군다나 필리핀은 우리들 편견 속에 후진국이라는 생각을 가지고 있어 제대로 된 치료가 가능할까 하는 의구심을 감추기 힘들다. 그러나 바기오는 그런 의구심을 희석시킬 정도로 최신 의료시설을 갖추고 있는 병원들이 있다. 물론 한국에 비한다면 열악하다. 하지만 필리핀 병원은 야전병원 같다고 생각하는 편견을 깨줄 정도로 시설이 잘 갖춰져 있다.

바기오에서 최고의 시설을 갖추고 있는 병원은 (Notre Dame Hospital)노테르담병원이 있으며 바기오 내에서 가장 큰 병원은 바기오 국립병원(Baguio General Hospital And Medical Center)이며 현지인들은 BGH라고 부른다. 보통 바기오에서 응급상황이 벌어지면 두 병원을 이용하게 된다. 국립병원인 BGH 경우는 진료비가 저렴해 항상 환자들로 넘쳐난다. 하지만 노테르담병원은 국립병원보다 전체적으로 진료비가 비싸 아무래도 국립병원보다는 한가한 느낌을 받는다. 그러다 보니 응급서비스를 이용하는 경우는 상대적으로 노테르담병원을 이용한다. 위치도 바기오 시청 근방에 위치해 있으며 만약 택시 기사가 두 병원 위치를 모른다고 말하면 그것은 거짓이다. 그럴 때는 다른 택시를 타는 것이 좋다. 그 정도로 두 병원은 바기오의 병원으로 상징되는 병원이다. 진료비 같은 경우는 여행자 보험을 들게 될 경우 어느 정도 금액 이상의 진료비가 나오게 되면 여행자보험 약관에 따라 보상을 받을 수 있다.

 ← ① 클럽 스페이드

↓ 바기오 병원

Q. 바기오 내 인터넷 스피드는 어느 정도인가요?

A. 전 세계에서 가장 빠른 인터넷 스피드를 경험한 한국 사람에게 바기오의 인터넷 스피드는 답답할 수밖에 없다. 하지만 요즘에는 웬만한 레스토랑 같은 경우는 무선인터넷을 기본으로 제공하고 있을 정도로 점차 인터넷 환경이 좋아지고 있다.

특히나 어학원 같은 경우는 카카오 톡이나 페이스 북 같은 SNS 활동은 아무 문제없이 할 수 있으며 인터넷을 이용한 숙제를 내주는 경우가 많아 인터넷 속도 향상을 위해 노력하고 있다. 하지만 전체적으로 한국 인터넷 수준의 인프라가 갖춰지지 않는 상태에서 바기오 인터넷 스피드에는 한계가 있다. 특히나 어학원 내의 인터넷망은 기본적으로 공유기를 이용해 연결되어 있다. 그러다 보니 누군가 한 사람이 한국 인터넷 사정을 생각해 대용량 파일을 다운받게 되면 모든 회선이 느려지며 끊김 현상이 발생한다.

공동으로 인터넷을 사용하는 경우에는 아무래도 예의가 필요하다. 학교도 인터넷 속도 향상을 위해 노력을 해야 하지만 사용하는 사람들도 그에 걸맞은 행동이 필요하다. 실제로 자율적으로 대용량 파일을 다운로드하는 학생들이 많아 어학원 자체적으로 인터넷을 제약하는 제도를 만들어 시행하고 있다는 것에 대해서는 한 번쯤 반성해 봐야 된다.

Q. 바기오 로컬 지역은 많이 위험한가요?

A. '총을 들고 다니는 사람들이 많다', '30만 원이면 킬러를 고용할 수 있다', '강도와 도둑이 많다'라는 말이 돌면서 필리핀의 치안 문제가 계속 언론에 보도되어 필리핀은 위험하다는 인식이 팽배해지고 있다. 그리고 도시 지역이 아닌 필리핀 로컬 지역으로 들어가면 마치 미국의 할렘을 가는 듯하다며 되도록 외국인이 자주 가는 관광지 위주로 돌아다니라고 말을 한다. 하지만 그 이야기는 굉장히 잘못된 이야기며 필리핀을 제대로 모르고 하는 이야기다.

실제 필리핀에서 안전하다고 이야기하는 지역은 대도시 지역이나 인적이 많은 곳이 아닌 이방인이 많이 다니지 않는 주택지역이 안전하다. 그 이유로 여러 가지를 들 수 있겠지만 필리핀인의 문화를 보면 알 수 있다. 물론 한 가지 전제가 있다. 본인이 방문하는 마을의 지인이 있어야 된다는 전제라면 그곳은 필리핀 그 어떤 곳보다 안전하다. 그 이유는 필리핀인의 성격을 보면 알 수 있다. 필리핀인에게는 '히야'라는 우리나라로 치면 체면이라는 것이 있다. 자존심이라고도 불리는데 보통 자신들의 이웃에게 싫은 이야기를 듣는 것을 죽음보다 더 싫어하는 사람들이 필리핀인이다.

실제로 필리핀 내 범죄인들의 유형을 보면 본인이 거주하는 지역 근방이 아닌 타 지역에 와서 범죄를 저지르거나 성매매를 하는 여성들이 많다. 그 이유는 본인의 지역이 아닌 다른 지역 사람들에게는 내가 성매매를 한다는 것이 혹은 범죄를 저지른다는 것이 부끄럽다고 생각하지 않고 그들은 단지 이방인으로 인식하기 때문에 내 가족을 위해 나는 이런 일을 한다는 식으로 죄의식을 느끼지 않는 것이다.

실제 이방인이 방문하지 않는 필리핀의 마을 같은 경우에는 이웃집의 일거수일투족까지 서로 알고 있다. 그런 상태에서 외국인 친구가 방문할 경우에는 그들이 보여줄 수 있는 최고의 환대를 해 주는 것이 필리핀문화다. 이방인에게 잘못된 행동을 할 경우 모든 마을 시민들에게 해코지를 당할 수 있기 때문에 그들은 마을 사람의 이방인 친구들에게는 국빈 대우를 해 줄 정도로 그들이 할 수 있는 최대한의 환대를 해 준다. 그렇기 때문에 로컬마을이 위험하다는 것은 잘못된 생각이다. 실제로 필리핀 내 사건사고가 많이 일어나는 곳은 인적이 많고 이방인들이 많이 오고가는 지역이다. 바기오의 경우는 주택 지역과 유흥 지역이 나뉘어져 있고 토박이들이 많기로 유명하다. 더군다나 바기오 사람들은 필리핀의 문화를 고수하기로 유명한 사람들이다. 그렇기에 바기오 지역이 상대적으로 다른 지역에 비해서 안전하다고 말을 하는 이유다.

바기오 PC방

바기오 생활상

Q. 바기오 한 달 생활비는 어느 정도로 생각해야 되나요?

A. 일반적으로 바기오는 다른 도시보다 생활비가 적게 든다고 이야기를 많이 한다. 필리핀 전역에 공급되는 농산품의 대부분이 바기오에서 생산되기에 대부분의 농축산물들이 저렴하다. 그리고 그와 함께 중요하게 생각해야 될 부분이 있다. 그것은 한국인이 제주도 이민을 생각하듯이 필리핀인들에게 바기오는 제주도라는 인식을 가지고 있다. 그러다 보니 필리핀 관광도시에서 벌어지는 필리핀인 물가와 외국인 물가가 따로 구분되어 있지 않다. 바기오 상인들은 바기오를 방문하는 필리핀인이 메인 손님이기 때문에 외국인이라서 바가지요금을 요구하는 곳은 거의 없다고 해도 무방하다. 마닐라에서 칼레샤(마차) 횡포는 유명하다. 보통 마부들은 페소가 아닌 달러로 돈을 달라고 억지를 부리기도 한다. 하지만 바기오의 칼레샤는 그런 일은 없다. 칼레샤뿐만 아니라 대부분의 관광지 상품이 정찰제로 이뤄지고 있다.

실제로 바기오 물가가 상대적으로 다른 필리핀의 지역에 비해서 저렴하게 다가오는 것이 사실이다. 보통 바기오로 어학연수를 온 학생들의 한 달 생활비는 약 10000페소 정도이다. 연수를 오는 학생들인 경우 의식주를 학원에서 제공해 주기에 주중 간식 비용과 주말 여행비가 생활비라고 생각하면 이해가 쉽다.

연수가 아닌 이주로 생활하는 경우 본인이 거주할 집에 따라 달라지겠지만 보통 생활비는 약 20000페소 생각하면 된다. 한 달 기준으로 50만 원이 조금 넘는 금액이다. 그렇기에 바기오에서는 은퇴 이민으로 많은 외국인들이 거주하고 있는 실정이다.

바기오 필수 정보 Q&A

바기오에서의 교육 정보 Q&A

Q. 바기오가 교육도시로 불리는 이유는 무엇인가요?

A. 바기오는 필리핀의 교육도시라는 이야기를 많이 한다. 필리핀의 여러 우수대학교와 국제학교 중고등학교가 위치해 있다는 교육적 인프라를 제하고 필자의 생각으로 바기오가 교육도시로 불리는 이유는 도시적 분위기다. 바기오는 실제로 필리핀의 다른 도시를 경험한 사람이라면 심심한 동네다.

바기오는 가족 중심의 삶을 지향하며 사는 필리핀인에게 딱 들어맞게 만들어진 계획도시다. 보통 필리핀인을 말할 때 음주가무를 좋아하는 사람이라고 평하지만 그보다 더 중요한 것은 가족 중심의 사람들이라는 점이다.

바기오는 다른 도시와 다르게 유흥 지역과 주택 지역이 구분되어 있다. 바기오 주택 지역의 모든 상점은 저녁 9시가 되면 문을 닫는다. 심지어 생활필수품을 살 수 있는 슈퍼마켓조차 문을 닫을 정도다. 밤의 도시라 일컬어지는 필리핀의 여타 도시와는 확연히 다른 분위기다. 실제로 필자가 머물렀던 어학원에서는 저녁 9시 이후 고성방가로 인해 학생들이 구치소로 연행되는 해프닝도 일어났다.

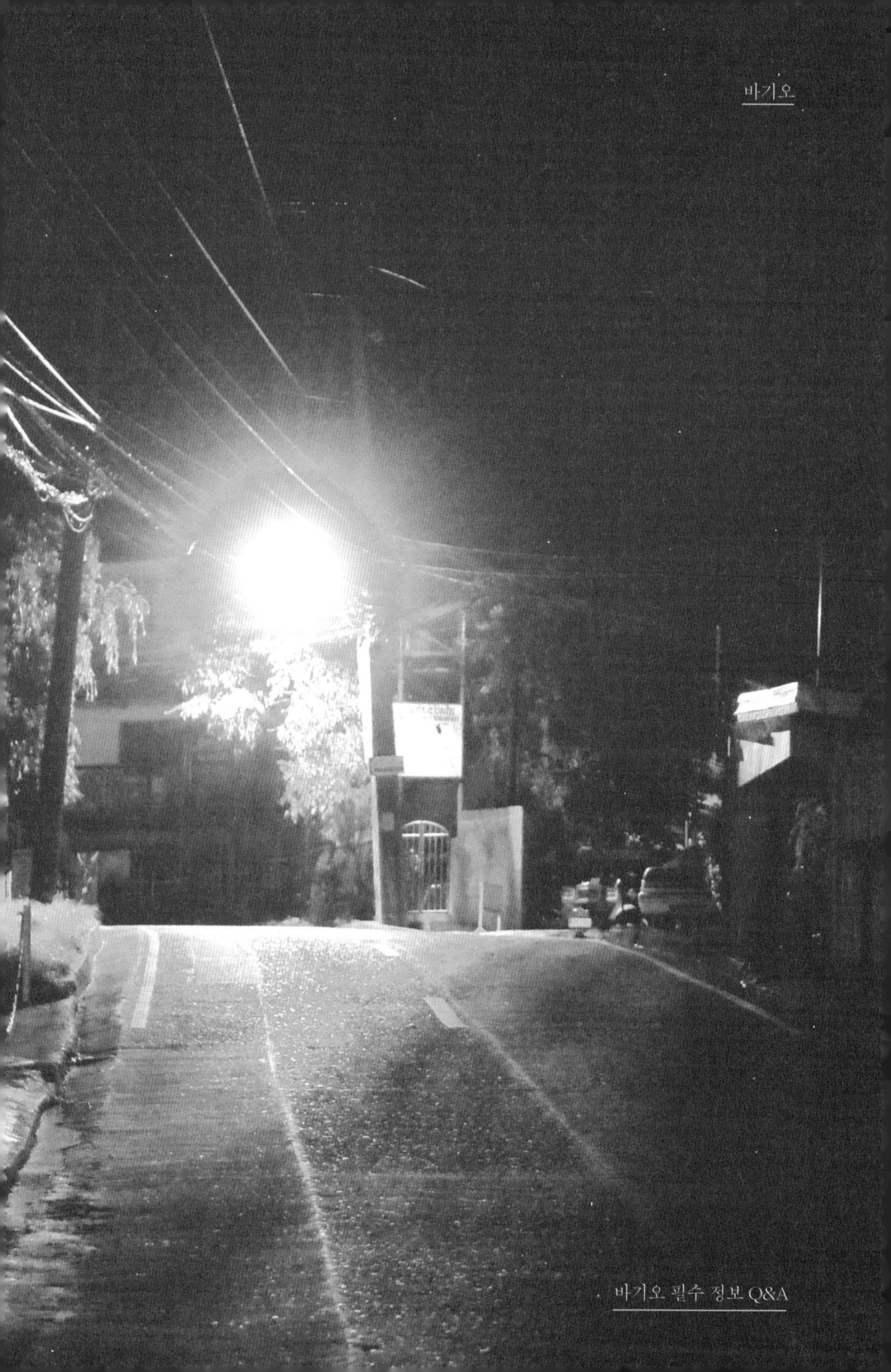

바기오 필수 정보 Q&A

Q. 바기오에서 받은 영어점수 국내에서 인정해 주나요?

A. 필리핀에 있는 여러 어학원들이 자신 있게 홍보하는 것 중 하나가 토익 및 IELTS 공인인증센터이다. 그렇다면 필리핀어학원에서 본 시험을 우리나라에서 인정해 주는지 의문이 생길 수 있다. 결론적으로 말해 토익 성적의 공인성은 인증된다. 문제는 자신이 입사하려는 기업에서 이 시험을 인정해 주느냐 아니냐에 달려 있다. 필리핀에서 획득한 점수를 인정하지 않는 기업들도 있기 때문이다.

그러다 보니 필자 입장에서는 토익점수를 높게 받는 것에 초점을 맞추지 말고 언제 어디에서든 꾸준히 높은 점수를 받을 수 있는 영어 실력을 갖추는 것에 힘을 쏟는 것이 좋다고 조언한다. 예전에는 왕초보에서 중급과정 수준의 영어 실력 향상을 위한 커리큘럼만 갖춘 어학원들이 대부분이었다. 하지만 현재는 원어민국가 어학연수를 갔다 온 학생들도 충족시켜줄 만큼의 영어 커리큘럼을 가진 어학원들이 많이 있다. 한계를 정해두고 영어 공부를 하기보다는 어학원 내 최고 장학생을 목표로 공부에 매진해야 될 것이다.

Q. 바기오 어학원 내 기숙사를 이용하지 않고 따로 나가서 영어 공부해도 되나요?

A. 대부분의 바기오 어학원은 기숙사 일체형이며, 2인 1실 또는 3인 1실 공동으로 사용한다. 이 경우 한국에서 자기 방을 가지고 생

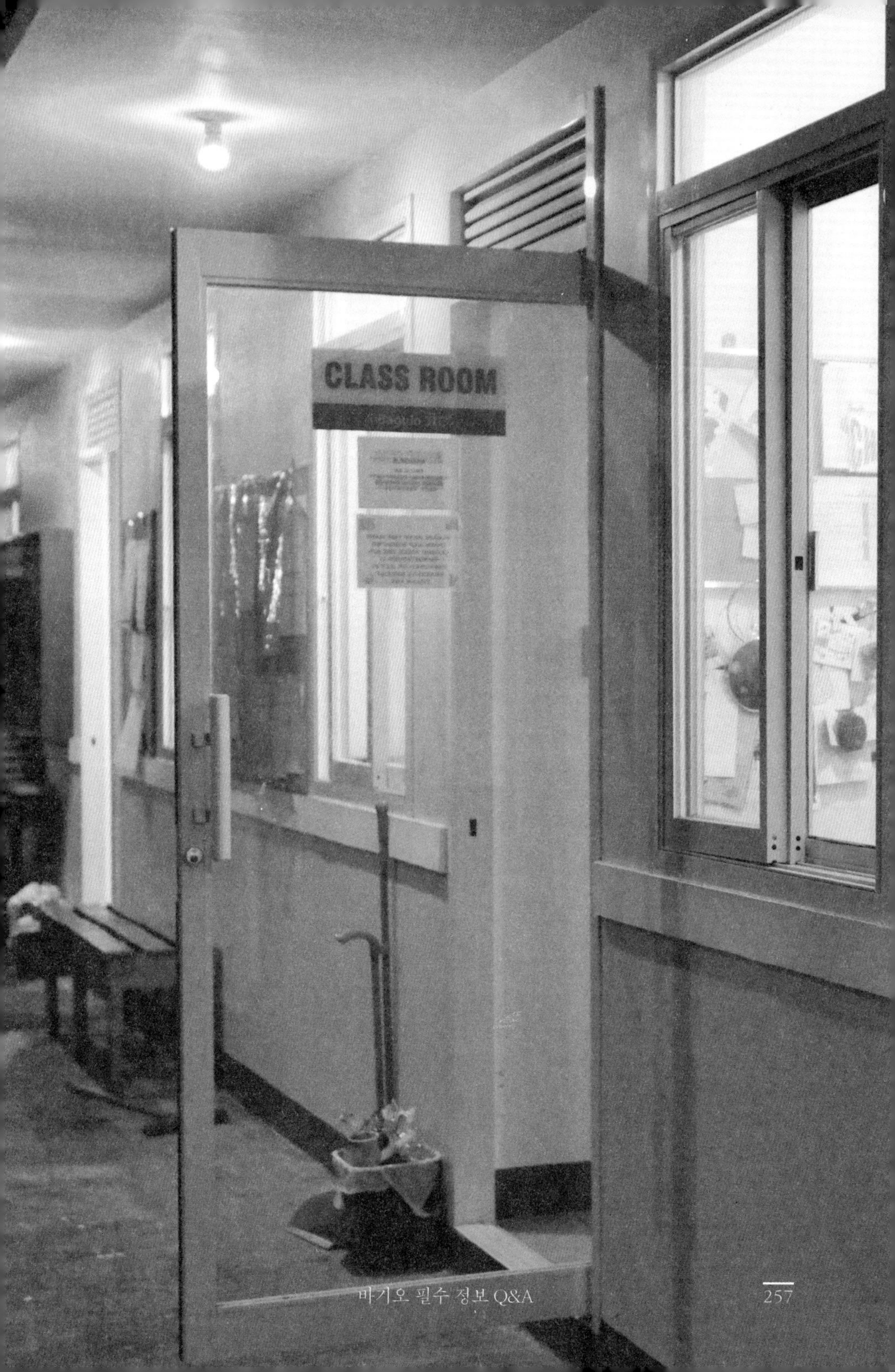
CLASS ROOM

활했던 사람이라면 약간의 불편함을 느낄 수 있다. 하지만 기숙사 생활이 불편하다고 혼자 독립해서 생활하는 것은 바람직하지 않다. 경제적으로는 이득이 될 수 있으나 영어 공부에는 도움이 되지 않는다. 별도의 가정교사를 두는 경우도 마찬가지다.

실제로 필리핀어학연수의 장점은 1:1수업도 있지만 가장 중요한 것은 기숙사 내에서 빨래와 청소 그리고 식사 의식주 모든 것을 다 해결해 준다는 사실이다. 영어만 집중해서 공부할 수 있다. 또한 필리핀이 아무리 영어를 쓰는 나라라고는 하지만 길거리에서 영어를 유창하게 쓰는 사람은 그리 많지 않다. 영어 공부를 위해 모인 사람들과 함께 지내는 편이 유리하다. 영어 공부에서 중요한 것 중의 하나가 면학 분위기 조성이다. 혼자 독립해서 영어 공부를 하려면 굳이 바기오까지 와서 영어 공부를 할 필요가 없다. 한국에서 마음 편하게 집에서 영어 학원 다니는 것이 더 나은 선택이다.

경제적인 이유로 자취하며 영어 공부를 하는 학생들에게 조언하고 싶은 이야기가 있다. 본인을 위한 투자에 아까워하지 말고 투자대비 높은 성과를 얻는 사람이 되라고 말하고 싶다. 잠실구장은 구장설립을 위해서는 많은 돈이 들어갔지만 만원 관중이 26,000명인 반면 투자대비 적은 돈이 들었지만 목동구장은 만 명이 채 되지 않는다. 본인을 사랑한다면 본인을 더 개발하기 위한 돈에는 인색한 사람이 되어서는 안 되겠다.

Q. 바기오 어학원 내 의식주 서비스는 어떻게 되나요?

A. 바기오 어학연수를 가는 학생들의 대부분의 사람들은 기숙사 생활을 한다. 그러므로 어학원을 선택할 때는 음식이 어떻게 나오는지도 중요하게 체크해 봐야 될 사항이다. 대부분의 어학원은 기본적으로 김치와 여러 가지 한식을 제공하고 하루에 한 번 정도는 과일이 나온다. 물론 필리핀 음식이 대체로 짜거나 달기 때문에 한식이 나온다고 하더라도 전체적으로 음식이 짜고 달다. 기숙사 음식이 질리거나 입맛이 없을 때는 학교 내 매점이나 한국 슈퍼마켓에 가서 반찬거리를 구입해 같이 먹는 것도 좋다. 그래도 바기오 어학원들이 다른 지역 어학원보다 식단을 짜는 데 유리한 편이다. 필리핀 대부분의 채소의 원산지가 바기오이기 때문에 싱싱한 유기농 야채를 이용한 찬들이 많이 나와 영양식단에 유리한 편이다. 식사와 함께 필리핀 연수의 특징은 청소와 빨래 부분이다. 보통 바기오 어학원에서는 주 1회에서 2회 정도 자신의 공강 시간에 맞춰 신청을 하면 담당 청소부가 와서 깔끔히 청소해 준다. 빨래도 주기표와 함께 비닐봉투에 넣어 제출하면 다음날 아니면 2일 정도 후에 받아볼 수 있다.

세탁물 처리는 생각보다 깔끔하다. 세탁한 뒤 다리미로 다려 잘 개어놓는다. 다만 단체로 세탁을 하기 때문에 드라이클리닝이 필요하다거나 손세탁을 해야 하는 등 특별히 관리해야 하는 세탁물은 따로 관리하는 편이 좋다. 단체로 빨래하기 때문에 하나하나 관리되지 못한다.

Q. 학비와 기숙사 비용을 제외하고 추가적으로 지불해야 되는 것이 있다는데 무엇인가요?

A. 학비와 기숙사 비용 외에 추가적으로 드는 비용이 어느 정도인지 몰라 난감해하는 학생들이 많다. 보통 추가적으로 드는 것으로는 교재비, 수도세, 전기세, 앞서 이야기한 SSP 비용, I-CARD 발급비, 비자 연장비, 기숙사 보증금 등이 있다. 보통 SSP비용은 6300페소(약 16만원), I CARD 비용은 3000페소, 비자 연장 비는 3개월 기준으로 약 20만 원 정도가 든다. 교재비 같은 경우는 권 당 200페소 정도 수준으로 현지에서 계산한다. 이밖에도 수도세 전기세는 계량기 측정으로 사용한 양만큼 룸메이트와 함께 N분의 1로 납부한다.

기숙사 보증금은 US달러 100달러 혹은 4500페소를 내며 졸업 시 다시 돌려받는다.

통상적으로 4주 어학연수를 갈 시 현지 납부비용은 20만 원 8주 어학연수는 30만 원 12주 어학연수는 45만 원 정도 현지 납부 비용으로 생각하면 이해가 쉽다.

Q. 세미스파르타와 스파르타 교육 시스템의 차이는 무엇인가요?

A. 보통 필리핀어학원을 분류할 때 일반 어학원, 스파르타 어학원, 세미 스파르타 어학원 세 타입으로 분류한다. 일반 어학원 같은 경

우는 학생들 스스로에게 자율성을 부여시키는 어학원으로 통금시간과 기숙사 규정 같은 것 외에는 방과 후 운동 및 영화를 보는 등 개인의 사생활을 보장해 주는 어학원을 말한다. 보통은 자발적으로 공부계획서를 짜고 영어 공부를 할 수 있는 의지 강한 사람이 선택하는 어학원이다.

이와 반대되는 어학원은 스파르타 어학원이다. 바기오 어학원의 대부분이 스파르타 어학원 프로그램을 도입하고 있다. 월요일부터 금요일 기상시간부터 아침, 점심, 수업, 저녁, 방과 후 야간학습, 자율학습 그리고 취침에 들기까지의 모든 시간을 통제한다.

필리핀어학연수를 생각하는 학생들은 단기간으로 어학연수를 오기 때문에 최소의 시간으로 최대의 효과를 내기 위해 도입된 프로그램이 스파르타 프로그램이다. 스파르타 어학원은 의지가 약한 학생들이나 유흥에 취약한 학생들이 가기에 좋은 프로그램이다. 상대적으로 스파르타 어학원은 일반 어학원을 선택한 학생들보다 평균적으로 영어 실력 향상이 빠른 편이다. 아무래도 선택과 집중의 힘을 최소한 월요일부터 금요일까지는 보일 수 있기 때문이다.

마지막으로 세미 스파르타 어학원은 일반 어학원과 스파르타 어학원의 중간 단계이다. 수업시간은 스파르타 어학원과 거의 동일하지만 방과 후 수업은 자율적 의지에 맡기는 어학원을 말한다. 수업시간 외 자율학습을 선호하는 학생들이 선호하는 어학원이다.

바기오 어학원의 대부분은 예전에는 스파르타 어학원으로 정의 내려질 정도로 스파르타 시스템을 지향했다. 하지만 현재는 바기오의 어학원들도 점차 시대 분위기에 맞게 변화하고 있다. 어학원 시스템은 어떤 것이 좋다 나쁘다 정의내릴 수 있는 차원의 문제가 아니기 때문에 학생들이 요구하는 것에 따라 유기적으로 변화하고 있다.

학생들도 바기오 어학연수를 생각할 때 단순히 바기오 어학원들은 스파르타 어학원이라는 생각으로 접근해서는 안 된다.

Q. 적당한 어학연수 시기는 어느 정도인가요?

A. 예전 필리핀 어학연수의 적정 시기는 2개월에서 3개월 정도라고 말을 했다. 특히나 바기오 어학원들은 스파르타 어학원이 대부분이었고, 왕초보에서 중급과정까지 의지력이 약한 학생들을 위한 영어프로그램을 갖춘 어학원이었기 때문에 나의 생각으로도 2개월에서 3개월 정도가 적당한 수준의 연수 시기라고 생각했다.

하지만 지금은 전체적으로 필리핀 유학시장의 수준이 상향평준화되었다. 실제로 원어민 어학연수를 1년을 하고 다시 필리핀으로 어학연수를 오는 학생들이 늘어나게 되었다. 소비와 공급의 법칙에 따라 학생들의 수준에 맞는 커리큘럼이 개발되었고, 현재는 선진국 유학 영역이었던 비즈니스 영어 과정, IELTS 과정 또한 학생들에게 제공하고 있으며 많은 호응을 이끌어내고 있다.

바기오 어학연수 역시 필리핀 유학의 흐름과 같이 고급 영어 과정

을 제공해 주고 있으며 현재는 평균 어학연수 기간이 4개월 정도
가 될 정도로 장기 어학연수 학생이 몰리고 있는 상황이다.

Q. 마닐라보다 바기오 어학원이 성장한 이유는 무엇인가요?

A. 필리핀 유학시장이 전체 유학시장에서 차지하는 비중이 점차
커지는 시점에서 의아한 점이 하나 있다. 왜 필리핀의 수도인 마
닐라 근방에 있는 어학원들이 줄도산하고 점차 연수시장에서 차
지하는 비중이 줄어드는 걸까? 되레 세부나 바기오가 인기를 얻게
된 걸까? 마닐라가 위험해서? 마닐라 어학원 선생님 수준이 낮아
서? 아니다.

마닐라가 위험한 것은 몇몇 지역에 국한되어 있는 것이고 실제 한
인들이 많이 거주하는 지역은 안전한 지역이다. 그리고 마닐라 어
학원 선생님의 수준이 높은 것은 모든 유학 관계자들이 다 인정하
는 상황이다. 그렇다면 어떤 점 때문에 마닐라어학원들이 쇠퇴기
에 빠지게 되었을까? 그것은 마닐라의 높은 임금 탓이다. 마닐라
의 최저임금은 2015년 기준으로 466페소이고 한 달 기준이면 최
소 선생님 임금을 15000페소 이상은 줘야 한 명의 선생님을 고용
할 수 있다. 필리핀 어학원은 1:1수업이 많은 커리큘럼 특성상 학
생 두 명 당 한 명의 필리핀 선생님을 고용해야 되는 구조다. 그런
데 다른 지역에 비해서 마닐라는 필리핀선생님의 임금이 평균 1.5

배 가까운 임금이다. 이 뿐만이 아니다. 천정부지로 올라가는 건물 임대료 탓에 어학원들은 본인 소유의 건물이 아닌 이상 임대료를 낼 수 없는 구조다.

더군다나 필리핀 어학원은 거기서 거기라는 인식을 가진 소비자(학생)탓에 마닐라 근방에 있는 어학원들은 금액을 섣불리 인상할 수도 없다. 그런 탓으로 마닐라 어학원은 점차 쇠퇴하게 되고 그 여파로 인해 세부 어학원, 바기오 어학원들이 성장하게 되었다.

실제로 마닐라 어학원들의 줄도산으로 인해 직장을 잃은 몇몇 마닐라 지역 선생님들은 같은 루손 지역인 바기오 어학원으로 스카우트 되는 경우도 많이 있다. 그리고 책임감 없이 줄도산하며 학생들이 그 피해를 고스란히 받는 것과 달리 바기오 어학원은 협회 차원에서 피해 받은 학생들을 구제하는 데 큰 힘을 쏟고 있다. 실제로 바기오 내 어학원의 도산으로 인해 피해를 받은 학생들을 바기오 어학원 협회 회원사들이 받아준 것은 귀감이 되는 사건이었다.

Q. 바기오의 조기유학이 유행하게 된 이유는 무엇인가요?

A. 교육은 백년지대사라는 이야기에 걸맞게 어렸을 때부터 어린 아이들에게 영어교육과 글로벌 경험을 시켜주려는 부모님의 바람은 필리핀의 조기유학시장을 열게 만들었다. 그리고 현재 바기오 내에서도 성인 연수시장보다 조기유학 열풍이 불고 있다는 분석

이 나오고 있다. 왜 사람들은 필리핀에 조기유학을 가게 될까? 몇 몇 이들은 후진국에 가서 뭘 배울 것이 있겠는가? 필리핀 식 영어 는 영어가 아니다. 돈이 없어서 필리핀으로 영어를 배우러 가는 것 이라는 식으로 폄하한다. 하지만 나의 생각은 다르다.

물론 필자 역시 원어민 어학연수가 고급스럽고 더 확실하게 영어 정복을 할 수 있다고 생각한다. 하지만 내가 중요하게 생각하는 것 은 현 세대는 더 이상 영어가 중요한 시대가 아니라는 점이며 영어 보다 더 중요한 것은 글로벌 감각이다. 필리핀에서 영어 정복과 글 로벌 경험 그리고 제 2, 3의 나라에서 영어 공부와 문화체험을 통 해 글로벌 감각을 익히는 것이 그 어떤 것보다 중요한 시기다. 그런 데 왜 많고 많은 나라에서 필리핀을 처음에 조기유학으로 선택해 야 될까? 여러 가지 이유가 있겠지만 영어를 부담스러워하는 학생 들에게 자연스럽게 1:1수업 그리고 친구처럼 편하게 다가오는 필 리핀 선생님으로 인해 영어울렁증을 없애는 것이 첫 번째 이유다.

또한 다른 영어연수 지역에 비해서 열악한 환경이지만 열심히 살 아가는 필리핀인들의 모습을 볼 수 있어서다. 처음부터 선진국에 서 공부했던 사람은 후진국에서 공부하는 것 자체를 이해를 못한 다. 어렸을 때부터 글로벌 경험의 편식이 될 수 있다.

벤츠를 탔던 사람은 소형차를 타지 못한다. 즉 처음부터 좋은 환 경에서 공부했던 사람들은 상대적으로 사회적 기반시설이 열악한 필리핀에서 생활을 하지 못한다. 하지만 처음부터 필리핀에서 영 어 공부를 했던 사람은 소형차에서 중형 그리고 대형차로 넘어가는 수준을 밟는 것처럼 영어 공부와 함께 체계별로 글로벌 경험을 받아들일 수 있다. 그런 점에서 필리핀조기유학은 글로벌 경험의 첫 번째 나라로 좋다.

더군다나 바기오는 어학원을 조금만 벗어나도 헐벗은 아이들이 구걸하는 모습을 볼 수 있는 그런 도시가 아니다. 울타리가 쳐진 상태에서 영어 공부와 관광객 신분으로 필리핀을 보는 것이 아닌 바기오 시민들과 어우러져 그들의 삶을 체험해 볼 수 있는 좋은 기회를 제공한다는 점에서 큰 장점이 있다.

또 하나로 필리핀 조기유학의 장점은 전 세계에서 필리핀에서의 교육을 인정해 준다는 점이다. 현재는 필리핀의 교육체계가 전 세계 교육제도와 같은 K-12프로그램을 따르고 있어 다른 나라로의 대학 입학이 순조로워졌다. 예전에는 필리핀 교육 제도 자체가 2년이 짧아 인정하지 않았지만 현재는 전 세계 교육체계를 따라 필리핀 교육도 인정받는 시대가 온 것이다.

물론 얼마 전 고발프로그램에서 필리핀에서 연수 후 의대 진학을 보장해 주는 프로그램 식으로 이야기하는 곳은 믿어서는 안 된다. 교육은 지름길이 아닌 정도의 길을 가야 탈이 없다. 한국식 교육시스템에 맞춰 입학하면 졸업이 된다는 식으로 접근해서는 안 된다.

Q. 바기오의 대학 입학과정은 어떻게 되며 장단점은 무엇이 있나요?

A. 바기오에는 수없이 많은 대학과 단과대학들이 존재한다. 입학 조건은 토플점수 500점 정도이지만 어느 정도 영어 실력을 겸비한 사람이라면 입학하는 데에는 큰 무리가 없다. 해외 대학이 입학은 쉽지만 졸업이 어렵다는 이야기처럼 바기오 대학에서도 마찬가지이다.

실제로 바기오 내 대학진학을 꿈꾸는 사람들의 대부분이 듣는 이야기가 대학졸업이 어렵다는 이야기다. 하지만 그 이야기에 반론을 하자면 학구열이 넘치는 사람보다는 외국대학 간판이 필요한 사람들이 많이 입학해서 발생된 문제다. 더군다나 외국인유학생 같은 경우는 별도의 금액 EDF(외국학생 기부금)을 추가로 납부하는 식으로 대학 입학을 하게 된다. 재정난으로 허덕이는 바기오 대학들이 입학조건에 부합되지 못하는 학생들도 입학시키는 가장 결정적인 이유다. 바기오에 대학을 다니려는 계획이 있는 사람은 입학보다는 졸업에 초점을 맞춰야 된다.

대학생활에 필요한 영어 실력을 습득하기보다는 대학 입학에만 초점을 맞춰 공부한 유학생들은 지성의 상징이라 할 수 있는 대학 수업을 이해할 수 없다. 결국 수업진도를 따라갈 수 없고 유급 형식으로 졸업이 늦어질 수밖에 없다. 그런 점에서 바기오 내 대학을 진학할 경우에는 입학조건인 영어점수보다 더 높은 영어점수를 목표로 공부를 해야 된다. 그렇게 된다면 상대적으로 저렴한 학비와 함께 가정형편이 어려운 상황 속에서 대학진학을 결심한 지적 욕심이 강한 필리핀인들과 함께 전공 공부를 할 수 있다.

그리고 바기오에서 대학교를 다니면 도움이 되는 부분이 상당하다. 필리핀에서 비즈니스를 할 때 가장 중요한 것은 인맥이다. 실제로 바기오 내 사업체를 운영하는 많은 한인들이 대학에서 만난 인맥에 도움을 받아 사업에 성공한 케이스다. 아무래도 의무처럼 대학 입학하는 한국의 상황과는 다르게 필리핀 대학은 지식인이 되고자 하는 사람들이 모인 자리이고 어느 정도 가정형편이 좋은 학생들만이 대학을 다닐 수 있는 구조인지라 필리핀에 자리 잡을 때 그들은 큰 힘이 된다.

○ 체험담

글로벌 도전의 동기부여를 제공해 준 필리핀대학
-문소희

필리핀 대학을 입학하겠다고 말했을 때 많은 이들이 만류했다. 후진국에서 무슨 대학을 다녀? 거기 졸업을 해서 한국에서 인정이나 받을 수 있겠어? 하지만 나는 한국에서처럼 대학을 의무로 다니고 싶지 않았다. 대학을 취업준비과정으로 다니고 싶지 않았고, 지식의 상아탑으로서 공부를 하고 싶었다. 더군다나 필리핀에서는 영어로 수업이 진행되기 때문에 전공공부와 함께 영어 실력 향상 또한 이룰 수 있기에 나는 필리핀대학을 선택하게 된 것이다. 물론 필리핀 대학 선택이 처음부터 옳았다 생각한 것은 아니었다. 준비가 되어 있지 않은 상태에서의 대학 입학을 하다 보니 의사소통에 어려움을 겪게 되었고, 열등생이 된 듯 학교 내에서 외톨이라는 느낌을 받았다. 하지만 금세 슬럼프를 벗어날 수 있었다. 나보다 더 환경이 안 좋은 상태에서 열심히 자신의 꿈을 이루려고 노력하는 필리핀 대학생들의 모습을 보면서 내 자신을 채찍질 하게 된 것이다.

실제로 필리핀에서 대학교육을 받는다는 것은 중산층이거나 혹은 가난한 집에서 자식의 미래를 위해 온 가족이 지원활동을 한다는 것을 의미한다. 대학 진학을 선택한 자식의 꿈을 위해 다른 가족들이 생계수단과 학자금을 위해 일을 하는 것이다. 그러다 보니 필리핀의 대학생들을 보면 고시생의 느낌이 든다. 자기로 인해 가족들이 얼마나 힘들게 일을 하고 있다는 것을 잘 알기에 허투루 공부를 할 수 없는 것이다.

그런 모습을 보며 나는 조금 더 적극적으로 내가 필리핀 대학에 입학한 초심을 생각하게 되었고, 한국인과 어울려 다니기보다 그들과 어울리며 내 스스로 필리핀 대학에 입학한 초심과 함께 나는 글로벌 인재가 될 것이라는 동기부여를 하게 되었다. 그렇게 나는 필리핀 대학에 적응하게 되었고 첫 학기의 성적은 낙제 수준이었지만 그 이후에는 대학교에서 장학금을 받을 정도의 성적을 받게 되었다. 그리고 지금은 한국에 돌아와 석사 학위를 취득하고 캐나다로의 글로벌 도전을 계획하고 있다.

사실상 한국의 많은 이들이 수능시험이 끝나고 난 후 일명 SKY대학을 입학하지 않으면 실패했다는 식의 자기학대를 하는 경우가 많다. 하지만 내 생각은 다르다. 이제는 글로벌 시대이며 한국만이 아닌 해외 대학의 문도 활짝 열려져 있는 상태다. 물론 낯선 환경에서 적응하고 생활한다는 것이 결코 만만한 일은 아니다. 실제로 필리핀 대학에 입학한 사람들이 모두 다 성공의 길을 가는 것은 아니다. 말 그대로 한국에서처럼 남들 다 대학 가니깐 나도 대학 간다는 생각으로 도피유학처럼 필리핀 대학 입학을 하게 되면 100프로 실패한다. 막연히 대학 입학하면 다 되겠지 하는 생각이 아닌 확실히 내가 필리핀 대학을 입학하고 나서 무엇이 되겠다는 강한 목표가 수반되어야 필리핀 대학 생활을 성공할 수 있다. 그런 마음을 독하게 먹은 사람이라면 필리핀대학의 문을 두드리라고 조언하고 싶다.

특히나 바기오 같은 경우는 교육도시라는 평을 받을 정도로 많은 학구열을 가지고 있는 필리핀 예비 지식인들을 만나볼 수 있다. 점차 취업준비과정의 가교역할만 하는 한국의 대학과는 다르게 글로벌 인재로 거듭나기 위해 대학 입학을 선택하는 필리핀 대학생들을 만날 수 있다는 것 자체에 큰 의미가 있는 것이다.

대학간판 때문에 재수를 선택하고 삼수를 하는 것이 아닌 전 세계를 품겠다는 생각으로 해외 대학에 문을 두드리기를 바란다.

필자는 그런 점에서 바기오 시티 여행지와 근방 여

행지 명칭과 사진만 남기고자 한다. 여행지를 어떻게

가고 어떤 루트로 가야 될지 조사하는 과정 역시 여

행의 재미다. 흰 도화지를 들고 각 개인의 감성을 채

우는 여행이 되기를 바란다.

Part 4.

바기오여행

및

근방 여행

걸어가고 또 걸어갔다. 입에서는 나도 모르게 욕이 튀어나왔다. 이 정표 속 2km 앞 바기오의 랜드마크인 라이언 헤드는 어디에도 보이지 않았다. 오로지 도로포장공사만 가는 내내 있을 뿐이었고 지나가는 차량으로 인해 한 움큼 먼지만 먹을 뿐이었다. 인터넷 속 바기오에 가면 꼭 가봐야 되는 랜드마크 라이언 헤드는 도대체 어디에 있는가? 가는 내내 인터넷에 추천 글을 올린 사람들을 원망하였다.

점점 발이 아파왔다. 평소 짝퉁 신발을 신어도 괜찮다고 여겼지만 오늘따라 뉴 밸런스의 짝퉁 신발 뉴스타가 내 발의 피로를 더 가중시키는 것 같았다. 오늘따라 카메라도 거추장스러웠다. 다시 되돌아갈까 생각도 하고 지프니를 탈까도 생각했다. 하지만 이미 만 차가 된 지프니는 나를 비웃기라도 하듯 방구 뿜듯 매연을 내뿜으며 내 곁을 쌩 하고 지나갈 뿐이었다.

다시 가던 길로 돌아갈까? 아니면 끝까지 가야 될까? 머릿속에는 짜장면을 먹을까 짬뽕을 먹을까 하는 단순하지만 결정하기 힘든 고민으로 머리가 아파왔다. 그런데 저 멀리 허리를 구부린 채로 나와 같은 고행 길을 나선 필리핀 여성이 보였다. 가까이 가 보니 그 여성의 허리에는 갓난아이가 있었다. 나는 동반자를 만난 듯 반갑게 인사를 나눴다. 그녀 역시 환한 미소로 답례를 해 주었다. 그런데 얼마 안 있어 그녀는 갑자기 작별인사를 고하며 길이 아닌 험한 산비탈을 올라갔다. 아이를 들쳐 멘 상태로 위태로운 발걸음을 옮기는 그녀의 신발은 브랜드 신발도, 짝퉁 신발도 아닌 말 그대로 금방 버려도 전혀 이상할 것 없는 쪼리였다. 오르고 또 오르는 그녀는 한두 번 해 보는 솜씨가 아니었다. 그런 그녀의 발자취를 눈으로 따라가며 그동안 눈에 보이지 않았던 것이 보였다. 산비탈 속다 허물어가는 집 속에서 어린아이들이 소꿉놀이를 하고 있었고, 단란한 가족들의 대화소리가 그제야 들리기 시작했다.

나는 그동안 보지 않았던 주변을 둘러봤다. 한창 도로공사를 하다 휴식을 취하는 인부들의 모습이 눈에 들어왔고, 도로 위에 낙석과 흙더미를 치우는 청소부의 모습도 눈에 들어왔다. 나는 그들에게 인사를 건넸고, 그들은 사람 좋은 웃음으로 나를 미소 짓게 만들었다. 그렇게 길을 걸으며 만난 사람은 족히 50명이 넘었다. 그렇게 2시간 가까운 시간이 지나고 도착한 라이언 헤드. 실상 왜 이곳이 유명한 관광지인지 의문이 들었다.

하지만 나와 같이 낚인 사람들이 자가용을 잠시 정차하여 라이언 헤드를 배경으로 사진을 찍고 있었다. 그리고 그들은 얼마 안 있어 자신들의 차를 타고 가던 길을 갔다. 나 역시 지프니를 타고 랜드마크 라이언 헤드를 벗어났다. 약 2시간의 산행이 10페소로 우리나라 돈 250원 그리고 10분 정도면 처음 출발한 지점까지 되돌아갈 수 있었다. 나는 고성능 카메라를 달리는 지프니 창밖으로 내밀며 사진을 찍었다. 하지만 단축된 시간만큼 나는 길을 지나며 만났던 그들의 미소를 담지 못했다.

바기오에 가면 꼭 가봐야 된다는 라이언 헤드의 일정은 그렇게 마무리 되었다.

'어린왕자'의 작가 '생텍쥐페리'는 행복하게
여행하려면 가볍게 여행해야 한다고 조언한
다. 하지만 현대인들은 누군가가 정해 준 여
행지에 맞춰 여행을 하고 여행지에서 느끼는
감성까지 백과사전처럼 정해놓고 여행을 간
다. 여행은 밑그림이 그려진 상태로 가는 것
이 아니다. 흰 도화지를 들고 본인만의 여행
을 가야 진짜 여행이다. 여행지의 감성이 결
정된 여행을 가지 말고 여행지를 가는 과정
의 여행을 즐기는 사람들이 되었으면 한다.
필자는 그런 점에서 바기오 시티 여행지와
근방 여행지 명칭과 사진만 남기고자 한다.
여행지를 어떻게 가고 어떤 루트로 가야 될
지 조사하는 과정 역시 여행의 재미다. 흰 도
화지를 들고 각 개인의 감성을 채우는 여행
이 되기를 바란다.

“
흰 도화지를 들고
각 개인의 감성을 채우는
여행이 되기를 바란다.
”

◆ 바기오 시티 근방 여행지

◦ 번햄파크
(Burnham Park)

◦ 캠프 존 헤이
(Camp John Hay)

◦ 필리핀 육군 사관학교
(Philippine Military Academy)

◦ 벤캅 박물관
(Bencab Musium)

◦ 보타닉 가든
(Botanical Garden)

◦ 탐완 빌리지
(Tam-Awan Village)

◦ 유령의 집
(Hauntedhouse)

◦ 대통령 별장
(The Mansion)

◦ 바기오 대성당
(Our Lady of Atonement Cathedral)

◦ 마인스 뷰
(Mines View Park)

굿 세퍼드 컨벤트
(Good Shepherd Convent)

바기오 박물관
(Baquio Museum)

세션로드
(Session Road)

바기오 시티마켓
(Baguio City Market)

라이트 공원
(Wright Park)

딸기농장
(La Trinidad)

티처스 캠프
(Teacher's Camp)

센트럴 마켓
(Central Market)

라이언 헤드
(Lion's Head)

산토 토마스 마운틴
(Mt. Santo Tomas)

◆ 바기오 근방 여행지

마운틴 뽈락
(Mt. Pulag)

아신
(Asin Hot Springs)

산페르난도, 산후완
(San Fernando, Sanwan)

비간
(Vigan)

이토곤
(Itogon)

사가다
(Sagada)

파굿풋
(Pagudpud)

바나우에
(Banaue Rice Terraces)

원 헌드레드 아일랜드
(One Hundred Islands)

볼리나오
(Bolinao)

지면을 통해 내 주관적인 시선으로 추천 레스
토랑 및 술집을 기술하는 것은 독자에게 하
여금 편견으로 자리매김할 소지가 크다. 그런
점에서 주관적인 시선을 뺀 상태로 현지 바기
오에 어학연수를 온 학생들과 바기오교민들
을 상대로 이구동성으로 이야기하는 추천 레
스토랑 및 술집을 정리하도록 하겠다.

Part 5.

바기오 추천
레스토랑 및 술집

음식의 맛을 결정하는 것은 음식 본연의 맛도 중요하겠지만 그 당시 먹는 사람의 기분이 그 어떤 것보다 중요하다. 군 시절 눈물 젖은 건빵의 맛을 절대로 사회에서 구현해 낼 수 없는 것처럼 아무리 맛있는 음식도 본인의 기분에 따라 달라진다. 나는 음식 맛을 잘 모른다. 그런 상태에서 지면을 통해 내 주관적인 시선으로 추천 레스토랑 및 술집을 기술하는 것은 독자에게 하여금 편견으로 자리매김할 소지가 크다. 그런 점에서 주관적인 시선을 뺀 상태로 현지 바기오에 어학연수를 온 학생들과 바기오교민들을 상대로 이구동성으로 이야기하는 추천 레스토랑 및 술집을 정리하도록 하겠다.

◆ 바기오 추천 레스토랑
(순위별 순서가 아니라는 점을 밝혀둔다)

힐 스테이션
Hill Station Tapas, Bar&Restaurant

주소:

Casa Vallejo, Upper Session Road, Baguio City

포레스트 하우스
Forest House

주소:

16 Loakan Road, Baguio City

마리오스 레스토랑
(Mario's Restaurant)

주소:

16 Upper Session Road, Baguio City

씨즐링 플레이트
Sizzling plate

주소:

116 Session Road, Baguio City

오! 마이 칸
O'Mai Khan

주소:

Upper Session Road(Engineer's Hill) near Victory Liner Bus Station

솔리바오 레스토랑
Solibao Restaurant

주소:

Heritage Mansion, Kisad Road, Baguio City

오! 마이 굴레이
Oh My Gulay

주소:

Session Road, La Azotea Building, Baguio City

차야
Chaya

주소:

72 Legarda Road, Baguio City

케찹푸드 커뮤니티
Ketchup Food Community

주소:

Romulo Drive, Baguio City

굿 테이스트
Good Taste

주소:

Carino St, Baguio City

간자 레스토랑
GANZA Restaurant

주소:

Burnham Park, Baguio City, Benguet, Lake Dr, Baguio, 2600 Benguet

비즈코스 레스토랑 앤 케이크 샵
Vizco's Restaurant And Cake Shop

주소:

Unit 108 Puso ng Baguio Bldg, Porta Vaga Mall, Session Road, Baguio City

파마나
Pamana

주소:

Upper Session Road, Baguio City

포인트 그릴
POINT & GRILL

주소:

Session Road, Baguio City

피프티스 다이너
50'S Diner

주소:

Leonard Wood Road, Baguio City

포춘 홍콩 씨푸드 레스토랑
Fortune Hong Kong Seafood Restaurant

주소:

14-16 Otek Street, Baguio City

파머스 도터 레스토랑
Farmer's Daughter Restaurant

주소:

Tam-Awan, Long Long, Baguio City

아미 네이비
Army Navy

주소:

Session Road, Baguio City

초콜렛 레이트 데 바티롤
Choco-late de Batirol)

주소:

Adjacent to Igorot Garden, Baguio City

카페 바이 더 루인스
Cafe By The Ruins

주소:

25Chuntug St Rizal Park, Baguio City

◆ 바기오 추천 술집

바기오 크래프트 브레웨리
Baguio Craft Brewery

주소:
Ben Palispis Highway
Rkc Bldg, Baguio City

루머스 바
Rumours Bar

주소:
55 Session Road,
Baguio City

졸라 카페
Zola Cafe

주소:
2nd Floor, Patria de
Baguio Building Session
Road, Baguio City

레드 라이언
The Red Lion

주소:
35 leonard wood Road,
Baguio City

피자 블란테
Pizza Volante

주소:
Romulo Drive, Baguio
City

더 캠프
The Camp

주소:
Manuel A. Roxas,
Baguio City

스페이드 슈퍼클럽
Spade Super Club

주소:
Kisad Road, Baguio City

붉은 앙마
Red Station

주소:
Legarda Road, Baguio
City

카페 윌
Cafe Will

주소:
M.H.Del Pilar Street,
between Kisad Road
and Legarda Road,
Baguio City

지짐이
ZIZIMI

주소:
Carino St, Baguio City

◆ 바기오 한인 맛 집

- 의정부 부대찌개 · 펄 정육점 · 삼겹살 하우스

- 칠천각 · 숲 속의 요정 · 진호갈비

- 장춘쌈밥가든

- 한국관 · 호돌이 · 쭈꾸미

부록

기초 생활회화
및
에티켓

전 세계 많은 사람들이 필리핀을 여행오고 있다. 그리고 매해 백만 명에 이르는 한국인이 필리핀을 방문하고 있다. 그런데 안타깝게도 한국인의 사건사고는 끊임없이 늘어나고 있다. 사건사고의 여러 원인이 있겠지만 대부분의 사건이 서로를 이해하지 못하는 데 기인한 케이스가 많다는 점이다. 그런 점에서 바기오에 오면 꼭 알아둬야 될 기초 생활회화 및 기본 에티켓을 정리해봤다.

◈ 바기오 기초 생활회화

1) 안녕하세요

Good Morning = Magandang Umaga

Good Afternoon = Magandang Hapon

Good Evening = Magandang Gabi

2) 감사합니다

Thank You = Salamat Po

Thank You very much = Maraming Salamat Po

3) 삼촌(보통 나이든 남자를 부를 때 Old brother),
이모(나이든 여성을 부를 때 Old sister) - 호칭 언어

삼촌(큰 형, 큰 오빠) - Kuya(쿠야) -따갈로그어 Manong(마농)
-바기오 어

이모(큰 누나, 큰 언니) - ATE(아떼) -따갈로그어 Manang(마낭)
-바기오 어

4) 깎아주시겠어요?

Kuya! Pwedeng Humingi Ng Tawad? (쿠야! 페뎅 휴밍리 낭 타워드)
= Could You discount for me?

5) 얼마입니까?

Magkano Po Ito(마그카노 포 이토)? = How much is this?

6) 여기는 어디입니까?

Saan(사안) Ang(앙) SM Mall? = Where is SM Mall?

7) 멈춰주세요!

Kuya(쿠야) Para(빠라) = Stop!(Jeepney, Taxi, Bus)

8) 당신은 귀엽습니다

Napaka cute mo(나파카 큐트 모) = You're very cute.

9) 당신은 아름답습니다(잘생겼습니다)

Napaka ganda mo(나파카 간다 모) = You're very beautiful.

Napaka Gwapo mo(나파카 구와포 모) = You're very handsome

10) 천만에요, 문제없어!

Walang anuman(와랑 아누만) = You're welcome

Tip) _____

보통 바기오 사람들은 Garud(가루드)라는 언어를 문장의 끝에 붙여서
이야기한다. 실제 다른 지역 사람들이 바기오사람이라고 구분 짓는 데
가루드 단어를 쓰느냐 안 쓰느냐. 우리나라로 치면 방언으로 해석하
면 이해가 쉽다.

◆ 바기오 기본 에티켓

1) 말싸움을 할 때는 큰 소리(?)를 내지 마라

우리나라에서는 목소리 큰 사람이 이긴다고 말할 정도로 싸움을 할 때 혹은 말다툼을 할 때 목소리를 높인다. 하지만 바기오에서 이런 행동을 했다가는 큰 변을 당할 수 있다. 필리핀에서 한국인이 가장 많이 사건사고에 연루되는 것 중의 하나가 이와 같은 행동 탓이다. 필리핀인은 아무리 잘못된 행동을 했더라도 남들이 다 들리도록 큰 소리로 싸우는 것을 잘못 이전에 모욕이라고 생각한다. 아무리 큰 실수를 하더라도 남들 보는 앞에서 나무라거나 혹은 큰 소리로 싸움을 해서는 안 된다. 필리핀 특히 자존심이 세기로 유명한 바기오 사람들에게는 특히 조심해야 되는 에티켓이다.

2) 검지로 사람을 지목하지 마라

보통 우리나라 사람은 사람을 지칭할 때 검지로 지목한다. 하지만 필리핀에서는 검지로 지목하는 경우는 범죄자 혹은 나쁜 놈들을 지목할 때 쓰인다. 한국인을 많이 만나는 필리핀인들은 이해할 수 있지만 대부분의 필리핀인들은 검지로 지목하는 경우 기분을 상하는 경우가 많으니 사람을 지칭할 때는 손바닥을 펴서 지목하도록 하자.

3) 대중 앞에서 감정 표현을 자제해라

필리핀 유명배우가 가장 가기 싫어하는 지역이 있다. 그곳은 바기오다. 바기오 사람들은 사람들이 많은 곳에서 감정표현을 드러내는 것을 좋아하지 않으며 좋게 받아들이지도 않는다. 유명인들이 방문을 해도 무심할 정도로 썰렁하다. 전반적으로 바기오인들은 소음을 싫어한다. 이런 바기오인들의 성향 탓에 주택 지역 근방에서 떠드는 경우, 고성방가 죄명으로 경찰서에 끌려가 구류를 사는 경우도 있으니 주의해야 된다.

4) 눈을 마주치지 마라

우리나라 사람들은 가끔 낯선 이와 눈을 마주치면 氣싸움으로 인식해 눈을 피하면 겁쟁이 또는 패배자로 인식한다. 하지만 바기오 사람들은 눈싸움을 싸움을 하겠다는 의미로 받아들이기 때문에 눈을 피하면 나는 당신과 싸움하기 싫고 당신 일에 관심이 없다는 표현으로 해석된다. 실제로 바기오에서는 땅을 보고 걸어가는 바기오인들을 많이 볼 수 있다.

5) 바기오에도 높임말이 있다

바기오 언어에도 높임말이 있다. 우리나라 문장 끝 높임말로 '~습니다' 등과 같이 바기오에서는 문장 뒤에 'Po', 'Opo'를 붙인다. 보통 나이든 사람에게 혹은 사무적인 만남에서 예의적으로 덧붙여

필리핀 보통 사람이 행복한 도시 / 바기오

서 말한다. 이와 함께 'Mano'가 있는 데 가끔 신부님 같이 존경하는 분들에게 많은 이들이 그의 손등에 이마를 대는 행동을 하는 것을 볼 수 있다. 그 의미는 존경한다는 의미이며 통상적으로 연장자에게 표하는 존경의 표시다. 이런 경우를 Mano Po라고 불린다.

6) 실내에서 모자는 예의에 어긋난다

회사나 혹은 바기오 친구 집에 방문할 시 실내에서 모자를 쓰는 행위는 매너에 어긋나는 행동이다. 또한 나이가 든 사람이나 혹은 의사, 경찰관 혹은 관공서 직원들과 만나는 자리에서는 모자를 쓰고 있다고 하더라도 잠시 모자를 벗고 대화를 나누는 것이 상대방에 대한 예의다.

7) 위 아래로 쳐다보면 큰 사건에 휘말린다

바기오에서 사람을 만날 때는 절대로 해서는 안 되는 행동이 있는데 그것은 사람을 위아래로 흘어보는 것이다. 한국에서도 이런 행동은 비매너로 보이지만 자존심 강하기로 유명한 바기오 사람들에게는 자신을 낮게 바라본다고 생각하여 큰 문제가 될 수 있는 행동이다.

8) 문이 있으면 어디든 노크를 해라

우리나라에서도 노크는 일상화 되어 있는 매너다. 바기오에서도 노크는 매너라기보다는 상식으로 통하는 에티켓이다. 어디를 방문하던지 문이 있다면 먼저 노크를 하고 의사를 물어보도록 하자.

9) 편한 좌석은 임산부 및 노약자석이다

우리나라에서도 임산부나 노약자 석이 있듯이 바기오에서도 버스 심지어 지프니에도 임산부 및 노약자 석이 있다. 지프니를 타는 입구 근방으로 해서 두세 좌석까지는 노약자석이다. 건장한 청년들은 지프니 안쪽으로 자리를 잡는 것이 매너다.

10) 식사 중에는 대화를 삼간다

외식을 하는 경우가 아닌 이상 집에서 식사를 할 경우에는 되도록 말을 삼가는 것이 식사 에티켓이다. 대부분의 필리핀 가정집에서는 음식을 먹는 중에는 대화를 삼가고 식사가 끝난 뒤 디저트를 먹을 때 대화를 하는 것이 에티켓이다. 참고적으로 알아둘 만한 것이 있는데 보통 한국에서는 나이순대로 먼저 식사를 하는 것이 예의지만 필리핀은 반대로 가장 어린 아이들부터 식사를 하는 것이 예다.

◆ 알아두면 좋은 바디랭귀지

1) 두 눈썹을 올릴 때

긍정의 의미로 Okey(연장자에게는 예의에 벗어나므로 친한 친구
사이나 아랫사람에게만 사용하는 행동이다)

2) 한쪽 눈썹을 치켜 올릴 때

약간 화가 났다(짜증났다는 의미)

3) 검지로 테이블을 계속 치는 경우

지금 상황이 지겹다는 의미

4) 이마를 긁을 때

지금 나는 화가 나 있다

5) 입으로 길을 안내해 줄 때는 근방거리 손가락으로 길을 안내할 때는 먼 거리를 의미한다

바기오 상점
쿠폰북

붉은 앙마
소주1병 + 음료수1병 쿠폰

위치 :
Legarda road

연락처:
423-1047

미스터 치킨
10% 할인 쿠폰

위치 :
Legarda road

카카오톡:
mrchichenbaguio

의정부 부대찌게
10% 할인 쿠폰

위치 :
Legarda road

연락처 :
244-1306

헬프어학원
300페소 교재비 쿠폰
http://www.helpenglish.co.kr

Hotel Urban
30% 할인 쿠폰

위치 :
53RFT Bd, Naguilaian Rd Baguio City

연락처 :
074 - 661-1944

Urban 레스토랑
10% 할인 쿠폰

위치 :
3F EDCO Bd, Marcos Highway Baguio City

연락처 :
0926-250-1745

JIC어학원
300페소 교재비 쿠폰
www.baguiojic.com

수 노래방
20% 할인 쿠폰

위치 :
5th jose de leon Bd, Upper session Rd

연락처 :
0926-611-5857

79 분식
10% 할인 쿠폰

위치 :
Pua Bldg. Happy Homes. Old Lucban

연락처 :
0908-176-2918

모놀어학원
300페소 교재비 쿠폰
http://mymonol.co.kr/

서울 쇼핑마트
10% 할인 쿠폰

위치 :
Legarda road

연락처 :
0935-789-9000

올레
소주1병+음료수1병 쿠폰

위치 :
session Rd 보헤미안 맞은 편

연락처 :
0977-139-2050

카페 WILL
200 페소 쿠폰

위치 :
Legarda road

연락처:
0927-935-2222

바기오 상점 쿠폰북

쿠보그릴
소주 1병 쿠폰

위치 :
Legarda road

연락처 :
0947-475-4757

Lusso
10% 할인 쿠폰

위치 :
UB스퀘어(ub 대학앞)

연락처 :
0917-352-0496

한국관
10% 할인 쿠폰

주소 :
34 south drive manor

연락처 :
0927-913-5075

BMB
10% 할인 쿠폰

주소 :
Pineshill Bd, Km5, La Trinidard, Benguet

연락처 :
074-248-1906

숲속의 요정
짜장면1개 쿠폰

위치 :
10% 할인 쿠폰

연락처 :
0915-882-7001

쭈꾸미
10% 할인 쿠폰

위치 :
키사드로드 EDY 1층

연락처:
0927-935-2222

지짐이
10% 할인 쿠폰

위치 :
팔라딘 호텔 펄 정육점 옆

연락처:
423-1047

네이버 pc방
한 시간 무료 쿠폰

위치 :
Upper 세션로드

연락처 :
0998-557-8852

칠천각
짜장면1개 쿠폰

위치 :
Legarda road

연락처 :
0915-882-7001

키노코 헤어
10% 할인 쿠폰

위치 :
키사드로드 EDY 2층

카카오톡:
0999-357-6997

Urban 나이트
칵테일 한잔 무료 쿠폰

주소 :
3 RFT Bd, Naguilaian Rd Baguio City

연락처 :
074-661-1944

캠핑 데이트
10% 할인 쿠폰

위치 :
Legarda road

카카오톡:
campingdate